建築設計テキスト
保育施設

山田あすか・藤田大輔 著
建築設計テキスト編集委員会 編

彰国社

彰国社

建築設計テキスト編集委員（50音順）
金子友美（昭和女子大学）
古賀誉章（宇都宮大学）
恒松良純（東北学院大学）
積田　洋（東京電機大学）
藤田大輔（福井工業大学）＊
松永英伸（東京電機大学）
山田あすか（東京電機大学）＊

＊印は「保育施設」担当編集委員

装丁・本文デザイン　伊原智子（るび・デザインラボ）

まえがき

　本書は、2008年から2009年に刊行された一連の設計テキストシリーズ「事務所建築」「住宅」「集合住宅」「商業施設」の第2弾として編まれたものである。新たに立ち上げられた建築設計テキスト編集委員会のもと、既刊「図書館」「併用住宅」、本書「保育施設」に続き、「高齢者施設」の刊行が予定されている。

　建築の設計は、用・強・美の3要素によって、時代や地域性を映す社会的な要請や条件に応えて具現化することに加え、新たな時代や地域の旗手となるべく、あるべき姿を提案していく行為である。これによって、人間の豊かな生活の空間をつくり、守り、育てていく責任を建築の計画と設計は担っている。

　本書は、そうした建築設計のうち、特に初学者に向けた教科書として編纂されたものである。建築学や関連分野の専門知識を学ぶ大学や工業高等専門学校、工業高校では、設計製図はカリキュラムの基幹科目として多くの時間を充てられている。建築計画や建築構造、建築設備などの講義科目での知識を統合しひとつの建築としてまとめ上げる設計製図の演習は、建築の専門家としての技術と知識を取得するうえで極めて重要である。筆者らが日々の設計製図指導にあたるなかで非常に大切だと感じるのが、その建物を使う人々の姿や生活をいかに具体的にイメージができるか、である。建築はオブジェにあらず。人の暮らしの器であり、時に人を規定し、あり様を指し示すものである。利用者のための、地域のための、建築をつくるために、設計製図科目での取組みの傍らに本書を置いて欲しい。また、実務家がこども施設の計画・設計を現場の保育者らと考えていくとき、基礎的な知識の共有のガイドブックとして、役立てていただくことができれば幸甚である。

　こども施設の建築計画上の特徴は、0歳から就学前までの、心と身体の大きな変化と成長・発達の時期にある子供の生活の場であること、地域と保護者の拠り所となる場であることといえる。子供にとって、生活と遊びは一体不可分であり、生活と遊びのなかで感性を育て、学び、ときに諍いを通して自己と他者の違いを理解し互いを尊重することを身につけていく。こども施設は、人間が人間らしく存在し、生きていくことの根幹を育む大切な時期をサポートする。社会的な問題としての少子化を背景として、育児と就労の両立の支援、子育ちと子育ての支援が声高に叫ばれる今日にあって、こども施設が果たすべき役割はますます大きく、重要である。

　近年は、就学前の子供のための保育・教育施設が「こども園」として一元化されていく現況に鑑み、本書文中では"（認可／認可外）保育所・幼稚園・認定こども園"を総称する場合には「こども施設」の語を用いている。

　本書の特徴は、実際の計画や設計で行われる一連のフローに沿って、建築計画や構造計画、さらに設備計画が計画の初期段階から相互に関連して検討されていくことに配慮して構成されている点にある。また、事例の設計図も教科書的に省略するのではなく、実際に用いられているものに近い表現で掲載し、より実務に近い形での編集を心がけている。学生の設計課題の取組みのなかでは、建築計画、構造計画、設備計画がそれぞれ別のものとして講義されることがままあるが、実務としての建築設計は、これら諸分野の知識と技術を統合する行為であるとの認識が、本書の基本的な骨子となっている。

　本書の構成は、1章ではこども施設の基礎知識として、こども施設の意味や制度の概要、子供の成長・発達の姿とそのための場のあり方、保育の理念と建築の対応、こども施設の種類と計画、こども施設の歴史と近年の動向について解説している。また2章では、実際の設計のフローに沿って、敷地、構造・設備、施設全体の空間構成、各室の計画について解説している。3章では、こども施設の種類と運営主体、立地、基本的な空間構成が多様であるように選定した事例について、それぞれの設計者からのご紹介をいただいている。4章では、具体的な設計例として平面図・断面図などの一般図と、構造・設備図を実際の図面に近い形で掲載した。また、各章の関係箇所には近年のこども施設の事例として注目すべき事例を「ピックアップ」として取り上げて紹介した。

　最後に、本書の編集にあたって、貴重な資料を提供していただいた設計事務所各位、また掲載にご快諾をいただいた施設各位、引用文献著者各位に篤く御礼を申し上げる。

2017年2月

建築設計テキスト編集委員会　山田あすか

目　次

まえがき ─────────────────── 3

1　概　要 ─────────────────── 5

1.1　子育ちと子育てを支える ──────── 6
1. 少子化社会のなかでのこども施設の意味 ─── 6
2. 子育て・子育ち支援制度の経緯といま ──── 7

1.2　乳幼児の生活・成長発達の場としての配慮 ─── 8
1. 制度を超えていく「こども施設」 ────── 8
2. こども施設のこれからのあり方とその内容 ── 8
3. こども施設での子供の活動 ──────── 11

1.3　保育理念と建築 ──────────── 11
1. 自由保育と設定保育 ─────────── 11
2. コーナー保育／ゾーン保育 ──────── 12
3. モンテッソーリ教育 ─────────── 12
4. シュタイナー教育（ヴァルドルフ教育） ── 12
5. 屋外活動を重視する保育 ───────── 13
6. 家庭的保育（小規模保育拠点） ────── 13
7. 古民家転用による保育 ────────── 14

1.4　こども施設の種類と計画 ───────── 16
1. こども施設の種類 ────────── 16
2. こども施設の計画 ────────── 16

1.5　こども施設の歴史と近年の動向 ─── 17
1. 「幼稚園」と「保育所」の成立 ───── 17
2. こども施設としての流れ ─────── 18
3. こども施設の設計・計画動向 ───── 18

1.6　事例の位置づけ ────────── 18

2　設計・計画 ─────────── 23

2.1　敷地 ────────────── 24
1. 敷地の選び方 ─────────── 24
2. 施設の適正規模 ────────── 24

2.2　構造・設備 ──────────── 26
1. 構造形式 ───────────── 26
2. 設備計画 ───────────── 26

2.3　施設全体の空間構成 ───────── 26
1. 配慮すべき諸室 ───────────── 26
2. 計画上の注意点 ───────────── 27

2.4　各室の計画 ────────────── 28
1. 入る・出る―アプローチ・玄関 ────── 28
2. クラス集団で活動する―保育室・遊戯室 ── 29
3. 屋内で遊ぶ―遊びコーナー ──────── 30
4. 食べる―ランチルーム・調理室 ────── 32
5. 排泄・身支度―便所・着替えスペース ── 33
6. 寝る―午睡スペース ──────────── 33
7. 屋外で遊ぶ―園庭 ─────────── 34
8. 運営する―管理のスペース ──────── 34
9. 保護者をケアする―相談スペース ───── 35

3　設計事例 ───────────── 37
1. むさしの幼稚園／宮里龍治アトリエ ──── 38
2. 木の実幼稚園／モノスタ'70 ──────── 40
3. 狭山ひかり幼稚園
　　　／アタカケンタロウ建築設計事務所 ── 42
4. ささべ認定こども園
　　　／atelier-fos一級建築士事務所＋
　　　福井工業大学デザイン学科藤田大輔研究室 ── 44
5. どろんこ保育園／時設計＋SAKO建築設計工社 ── 46
6. 夢花保育園
　　　／山岡哲哉建築設計事務所＋みかんぐみ ── 48
7. きたの保育園／莫設計同人 ──────── 50
8. あきたチャイルド園／サムコンセプトデザイン ── 52

4　設計図面 ───────────── 55

認定こども園あけぼの学園／竹原義二／無有建築工房 ── 56

【ピックアップ事例】
1. スターチャイルド《川和ナーサリー》
　　　／株式会社バハティ一級建築士事務所 ── 10
2. 陽だまり保育園／安藤設計 ───────── 15
3. まちの保育園小竹向原／宇賀亮介建築設計事務所 ── 19

【コラム】
子供の環境デザインの基本 ─────────── 9
音環境と内装材 ────────────── 27
便所の利用しやすさと仕切りの有無 ────── 32

1 概 要

1 概　要

1.1 子育ちと子育てを支える

❶ 少子化社会のなかでのこども施設の意味

　日本では、戦後の第一次ベビーブーム以降出生数が減少し、第二次ベビーブームのあとに多少の増加と減少を繰り返しながら全体としては明確な減少傾向にある。合計特殊出生率は、2005（平成17）年に過去最低の1.26まで落ち込み、2013（平成25）年には、1.43と微増傾向にあるものの、先進諸国と比べるとなお低い（図1.1）。

　人口は、2010年の12,806万人をピークに減少している。今後、高齢者層の加齢と少子化に伴い、人口はますます減少し、ピークから50年後の2060年には8,674万人となることが予測されている。図1.2から、戦後の人口増加と現在の人口減少が2010年のピークを境に線対称のカーブを描いていることがわかるが、人口構造には大きな差異があり、高齢者層の増加と年少者層の減少が顕著に読み取れる。こうしたなかで生産年齢人口（15〜64歳）は、2010年の8,173万人、総人口比63.8%から減少を続け、2060年には4,418万人、同50.9%となると予想されている。つまり、わが国の1/2の生産年齢人口によって、残る1/2の年少・高齢者人口を養い、支える構造が出現する。当然ながら、増加した高齢者人口に伴って要支援者・疾病患者のケアを行う介護・看護医療従事者が必要となり、純粋な「生産」に従事できる人口はより少なくなる。「女性活用」などのコピーによって、生産人口の確保が目指される所以である。

　このような、火急の対応が求められる少子化対策の一要素として、子供の健全な成長・発達、ならびに子育てと仕事の両立の支援を行うこども施設（子育て・子育ち支援にかかわる社会福祉事業を行う事業所）の意義はますます高まっている。少子化や共働き世帯の増加によって同年代の子供や兄弟とのかかわりの機会が乏しくなっており、また核家族化によって親が子育て経験者からのサポートを得にくくなっているなかで、子供に「子供同士の育ち合い」「専門家による保育・教育」を保障することは子供自身への福祉そのものである。社会にとっては、こうした支援の成果として、出生数や生産人口の安定化を期待するところである。

図1.1　出生数と合計特殊出生率の年次推移

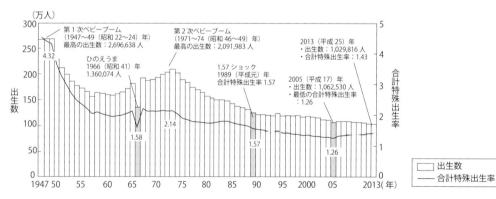

図1.2　人口と人口構造の変化

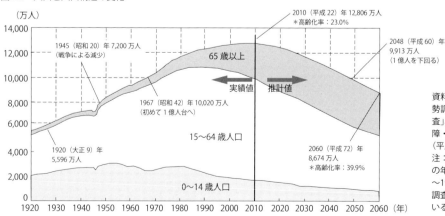

資料：実績値（1920〜2010年）は総務省「国勢調査」、「人口推計」、「昭和20年人口調査」、推計値（2011〜2060年）は国立社会保障・人口問題研究所「日本の将来推計人口（平成24年1月推計）」の中位推計による。
注：1941〜1943年は、1940年と1944年の年齢3区分別人口を中間補間した。1945〜1971年は沖縄県を含まない。また、国勢調査年については、年齢不詳分を按分している。

❷ 子育て・子育ち支援制度の経緯といま

保育・幼児教育にかかわる施設の制度については、少子化や保育ニーズの増加などを背景として、これまで段階的に変更が重ねられてきた。

①幼保の一元化

施設制度の変遷として、まずいわゆる「幼保の一元化」が挙げられる。都心部で保育所の待機児童が多数存在する一方、幼稚園には利用希望者が集まらず定員割れや閉鎖が生じている状況がある。また、地方では過疎化・少子化によって、該当年齢の子供数が減少し、幼稚園と保育所を分離したままで運営するには運営コストがかかる、保育者が確保できない、子供に集団体験を保障できない、などの問題が生じている。そもそも、保護者の就労状況によって子供が育つ環境や、その選択肢に差異があること自体が子供の権利の侵害であるという指摘もある。このような状況のなかで、1998年には「幼稚園と保育所の施設の共用化等に関する指針」が示され、先駆的事例では幼保の（実質的）一体的運営が行われていった。2003年には「骨太の方針」のなかで、幼保の一元化モデルを検討する一環として「総合施設」設置の指針が策定された。その後、2006年には総合施設モデル事業（2008年に本格的施行が予定されていた総合施設の先行モデルとして）、2010年には認定こども園法が策定され、幼保の一元化に向けた制度的枠組みが整っていった。そのかたちとしては、公立園の多くが既存の幼稚園と保育所が一体的に運営されるに至ったパターン（幼保合流型）、逆に私立園の幼稚園に保育所機能を追加したパターン（幼稚園先行型）と保育所に幼稚園機能を追加したパターン（保育所先行型）であった（図1.3）。また、幼保一体化の理由には主に幼稚園児・保育園児の減少、保護者の就労状況によらない平等な発達環境の保障、などが挙げられる。それぞれの園が、地域の事情のなかで幼保の一元化を図ってきたことがわかる（図1.4）。

②子ども・子育て関連3法

幼保一元化への段階的移行を進めながら、上記のような深刻な子育ての負担の増加や子育てと就労の両立困難などが少子化の進行の背景にあるとして、政府は2012年8月に「子ども・子育て関連3法」を成立させ、質の高

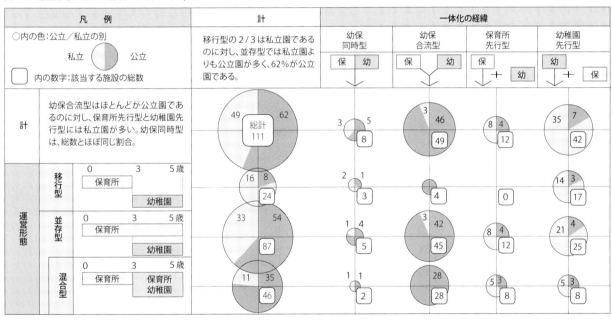

図1.3 運営形態および一体化の経緯と公立/私立の別の関係

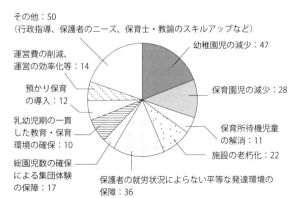

図1.4 幼保一体化の理由

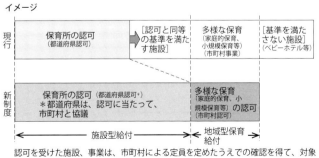

図1.5 保育所認可の制度の変更（2013年4月）

い幼児教育と保育の総合的な提供、保育の量的拡大と確保、教育・保育の質的改善、地域の子供・子育て支援の充実を実現するとした。このなかで、それまでの保育所認可の制度が再編された。具体的には、東京都認証保育所や横浜市保育ルームなど、各自治体がそれぞれ独自の制度で運用していたいわば"準認可保育所"を「認可保育所と同等の基準を満たす施設」とみなして、新制度では認可保育所に組み込むこととした（図1.5）。また、都市部と地方でのそれぞれの事情を踏まえて、保育・教育にかかわる複数の機能を融合することにより、効率的なケアの提供や質の保障などを図ることを目指している（図1.6）。

1.2　乳幼児の生活・成長発達の場としての配慮

❶ 制度を超えていく「こども施設」

法律上は幼稚園、保育所の機能は異なると定義されてきたが、時代の変遷とともに保育所での幼児教育の重視や幼稚園での預かり保育の実施など、両者の差異は次第になくなってきていた。こうした背景のなかで、これまでの各園での取組みや理念を生かしつつ、新しい社会のニーズに対応できるよう、幼稚園と保育所の両方の機能を有した「認定こども園」への移行が大きな方向付けとして示された。そして多くの保育拠点が、2015年度施行の「新制度」によって「認可保育所」に取り込まれた（図1.5）。

また認可保育所のなかには定員規模などの基準面で合致しないものの、立地や運営時間、預かり保育の柔軟性などの特徴をもち、多様な保育ニーズへの対応を行う保育拠点もある。さらに、他の認可保育所や幼稚園などの「送迎拠点」としての機能と預かり保育機能を有する保育施設など、地域性に応じた保育や就労支援の多面的ニーズに対応する事例も出現している（ピックアップ事例1　スターチャイルド《川和ナーサリー》、図2.1）。病（後）児保育のニーズと利用の拡大なども含め、既存制度を超えた新しい取組みが保育ニーズに対応し、あるいはそれによって新たな保育ニーズが喚起される関係のなかで、こども施設は時代とともに変化していく。

なお、保育所の認可主体は地方自治体（市区町村）であり、法律で示されているのは最低基準であるため、人数や一人当たり面積の解釈（乳児室のほふく室の面積算入など）、保育室の面積算入の条件（家具が置かれている場合の扱いなど）といった詳細基準は自治体によって異なる。また、待機児童の数や割合が自治体や地域によって異なることから、定員を超過した弾力的な受入れを行う施設などもあり（ホールなどの共用空間の面積を一人当たり面積に算入して計算するなど、施設全体として一人当たり面積の基準を超過しないよう配慮される）、子供の成長・発達環境としての「質」とその平等を、制度は完全に保障しているわけではないことは留意すべき点である。

❷ こども施設のこれからのあり方とその変容

このような制度の変革のなかにあって、こども施設のあり方は、どのように変わっていくのだろうか。制度としての仕組みの根幹には、保育所保育指針と幼稚園教育要領が設定されており、そこに示されるキーワードを、関係性に着目して整理すると図1.7のようになる。保育と教育の目的はこども施設に共通のものだが、図のキーワードのうち、重視されるべきことがらは園や法人の保育・教育理念、地域、年齢や年齢別人数、対象とする子供像などによって異なり、季節や時節に応じて変容を続けていく。

図1.6　子ども・子育て支援新制度が想定する保育拠点の再編（2012年8月）

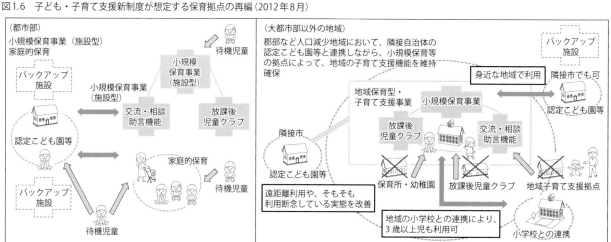

図1.7 保育所保育指針・幼稚園教育要領に基づく、保障すべき子供の育ちのキーワード

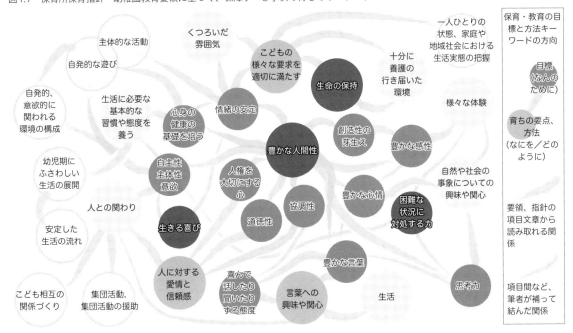

【コラム①】
子供の環境デザインの基本
①子供の視点と姿勢、運動能力
　子供の身長は、保育施設に通う0～6歳の間で60cmほども伸びる。運動能力の発達もめざましく、寝ているだけの段階から、座り、ハイハイを始め、立ち、歩いて、走るようになる。運動能力の獲得とともに視野が広がり、活動する世界が広がる。こうした発達段階に応じてしつらえの高さ、つくりを考慮する。
②環境認知（発達と環境）
　発達に伴い、子供が認知する環境は劇的に変化する。移動能力をまだ獲得していない1歳未満児の場合、環境とのかかわりは、ものや人との関係に限定される。やがて、移動能力の獲得とともに探索行動が始まり、安全基地（保育者）を確保しつつ、活動範囲を広げていく。このなかで、場所や行為を認識するようになる。「保育者が居る場所、玩具がある場所が自分の居る場所」である段階から、「～で、～をする」という意識のもとに自ら活動の場所や内容を選択するようになる。

③刺激となじみのバランス
　子供たちにとって、慣れ親しんだ物理的・人的環境（保育室や友だち、保育者）は安心感や自分という存在を肯定する感覚をもたらす。一方、「いつもと違う」環境は、新たな興味や能力を引き出す刺激となる。慣れ親しんだ刺激の少ない環境ばかりでなく、日常の生活に変化をもたらすことで、子供たちの世界は広がる。いつも同じ保育集団での生活ではなく異年齢の子供やほかの保育集団との接点があること、しつらえが一定の期間を経てそのときどきの子供の発達課題や保育テーマに即して変化することなどが盛り込まれた環境を計画したい。外部環境との接点があり、四季を感じる環境も自然への興味を育てる。

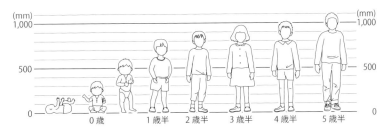

子供の身体寸法の発達

6カ月ごろまでは、ベビーベッドやコットに寝て、また抱っこやおんぶされて過ごす

6カ月ごろ：筋肉が発達し、自力での座位保持（お座り）ができるようになる

8カ月ごろ：ハイハイを始める。活動範囲が格段に広がる。10カ月ごろには段も上れる

1歳前後：つかまり立ちから歩行を始める

1歳半ごろ：歩行が安定し、走ることができる

子供の姿勢と身体能力の変化

概要　9

ピックアップ事例1
スターチャイルド《川和ナーサリー》(設計/株式会社バハティ一級建築士事務所)

この保育所は、送迎保育ステーションとしての機能と乳児保育を統合した施設である(送迎保育ステーションとは、居住地周辺の保育所を利用できない家庭へ向けた、指定保育所へ子供を送迎する一時預かり保育である)。

この仕組みによって保護者の負担や待機児童の解消が期待される一方、移動を繰り返す子供の気持ちは揺れ幅が大きい。そこでこの事例では、この次々と変わる環境をポジティブに捉え、「地域社会での子育て、テンポよく気持ちを切り替えるステージ」として提案されている。

保育時間が短く慌ただしい朝は、児童公園のように目で見る楽しさを提示することによって子供の行動を誘発し、短い時間でも小さな達成感をテンポよく繰り返すことができる環境とする。また夕方は、一日をリビングにいるような安心感のなかで過ごせるようにし、子供は一日の体験を通して動いた心を、自分で行動を選択することで整え、安全な帰宅へ繋げる。

こうした配慮がなされた多様な空間を提供することで、子供の自然な行動を導き、受け止め、揺れ動く気持ちをおさめていくことができる。

駅からペデストリアンデッキで直接繋がる立地

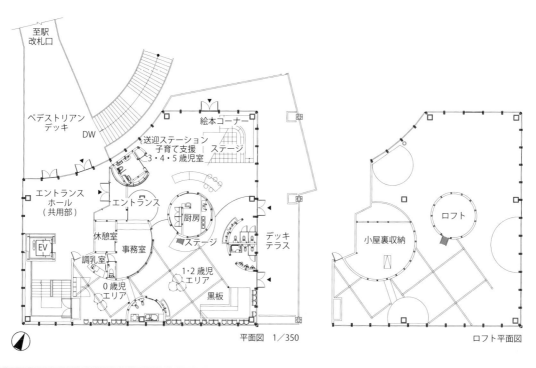

平面図 1/350　　ロフト平面図

❸ こども施設での子供の活動

こども施設には、子供の年齢によって運動能力や空間認識能力が大きく異なるなど基本的留意事項がある（コラム①）が、いずれも、乳幼児の日々の生活と遊び、またそれに伴う子供の成長・発達の場としての役割を中心に組み立てられる。子供が生活と遊びのなかで成長していくことを踏まえ、好奇心を爆発させ、夢中で遊べるように、様々な遊びのきっかけとなるものや場所を用意する必要がある。

また近年では、少子化によってきょうだいで遊んだり、地域の子供たちが集団で遊んだりする機会が減っている。このためこども施設は、他者とのかかわりのなかで子供たちが成長するための場としても期待されている。

1.3 保育理念と建築

こども施設の計画・設計にあたっては、「施設」ではなく、子供の生活や成長・発達、遊びや保育をデザインするという姿勢が必要となる。その実現のための建築空間は、各施設が理念として掲げるいわば「保育のコンセプト」を体現したものといえる。そして、日々の子供の過ごし方を映すものとならなければいけない。

建築空間やその使い方、園庭のあり方にかかわる保育の理念には、いくつか特徴的なキーワードがある。

❶ 自由保育と設定保育

保育の形態、あるいは保育時間帯の呼称として、しばしば「自由保育」と「設定（課題）保育」という語が用いられる。自由保育とは、子供自身の意思によって遊び内容・集団・場所を選択できる状況、またそのような保育時間帯を指す（「この保育室内で」など一定の制限下であっても）。これに対して設定保育は、保育者の指示・指導のもとで季節の制作、お絵かき、運動、行事練習などの課題に取り組む状況、またそのような保育時間帯を指す。しかし、設定保育にも保育クラスの一斉的な活動として取り組む、自由遊びの時間帯に、小人数ずつの子供が順に課題に取り組む、ある期間を設けそのなかで気が向いたときに取り組む、日々のルーティンワークに設定されており特に指示がなくとも習慣として子供が自主的に取り組む（図1.8）など、様々な実施方法がある。一斉的な活動の場合には、当然ながらそのための活動スペースはクラスの全員が一斉に使える規模となり、保育室の構成等に大きく影響する。このため、設定保育をど

図1.8 建築空間と設定保育の関係（認定こども園こどものもり・埼玉県／都市梱包工房）

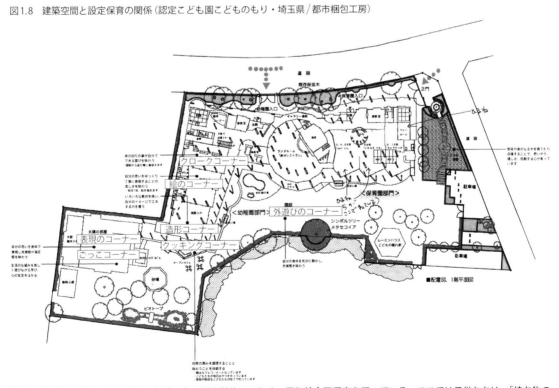

認定こども園こどものもりでは、年齢ごとの保育単位ではなく、異年齢合同保育を行っている。ここでは子供たちは、「持ち物のコーナー（持ち物の管理、着替え等）」「制作のコーナー（課題制作・自由制作）」「ままごとのコーナー」など、活動内容と対応した場所「コーナー」を生活の流れやそれぞれの遊びの展開に応じて巡り、過ごす。保育者は、保育集団（クラス）ごとにではなく、活動のゾーンごとに滞在して、年齢に関係なくそのゾーン内の子供の保育や見守りを行う。
この保育園では、季節ごとの課題に取り組む設定保育をしている。一定期間、設定されたテーマに合わせて課題のコーナーがつくられ、その期間内に、子供がそれぞれの遊びの流れや気分などに応じて課題に取り組める仕組みとしている。

のように行うかは運営者と設計者とで十分に共有する必要がある。

❷ コーナー保育／ゾーン保育

図1.8のように、活動と対応した"コーナー（ゾーンとも呼ばれる）"をつくり、子供が主体的にそこでの活動を選べるように保育環境を整えること、またそこで行われる保育はコーナー保育（またはゾーン保育とも）と言われている。こうした保育方針の場合には、保育室へのアクセス・外部空間への動線の設定、水まわり・身支度や持ち物スペースの位置など、コーナーをつくりやすい保育室であるよう配慮することが望まれる（図1.9、図2.19）。

❸ モンテッソーリ教育

モンテッソーリ教育は、子供の自発性を尊重し、知的好奇心を刺激することを重視している。「教具」と呼ばれる独特の教材を用いて五感や数量、言語などの子供たちの様々な感覚を柔らかく刺激する。この教育法では、子供たちが自発的にそれぞれの活動（「お仕事」）に取り組むためのきっかけを埋め込んだ「自由な環境」が整えられることが重視される（図1.10）。「お仕事」には、日常生活の練習（大人の世界での仕事の疑似体験。例えばままごとに類するものなど）、感覚訓練（五感と立体物の認知）、言語（文字、語彙、語法等）、数（体験を重視した数量の概念）、文化（音楽や制作、体育、地理、自然など）があり、それぞれの活動に対応した空間をつくるなどして子供たちの自発的な意欲や集中を支援する。

❹ シュタイナー教育（ヴァルドルフ教育）

シュタイナー教育は、子供が自由な自己決定を行える人間となることを助けることこそが教育であり、一種の

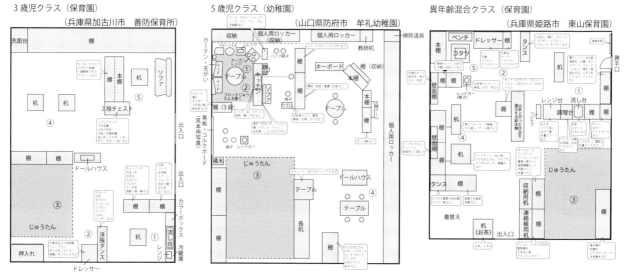

図1.9 コーナー保育が行われる保育室
①台所 ②世話 ③構成（構造）④机 ⑤休憩・絵本

図1.10 モンテッソーリ教育の保育室の構成例（至誠保育園・東京都／渡辺治建築都市設計事務所）

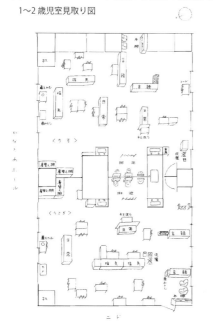

芸術であるとの思想に立ち、子供が自ら感性を育てることを重視する。そのために特に、音楽（合唱や演奏）・運動（舞踊）・造形・文学（物語や詩）などの総合的な芸術、物語性（想像力をもったファンタジー）のある環境を重要と考える。

図1.11は、シュタイナー教育の保育室の構成例である。自然の造形や感触を重視することから、柔らかい素材と色あい、天然の素材などが取り込まれる。また建築空間自体として、室や家具の形状において「整形」を避けることもある（図1.12）。

5 屋外活動を重視する保育

屋内での活動もさることながら、屋外活動を特に重視する保育理念に、「どろんこ保育」や「大地保育」「野育」などの取組みがある。こうした理念を掲げる園では、土や水、植物、動物といった自然の要素を使って遊ぶことや、実体験のなかで感性を育むこと、運動能力と意欲を高めること、子供自身が自分の身体寸法や能力に対応した危険と安全の境界を学ぶことなどを重視する。また、そのための環境を整える（表1.1、図1.13）。高い場所・見下ろせる場所を屋内外に設けるなど、空間の立体視に繋がる環境を取り入れる例が多いことも特徴的である（図1.14）。

6 家庭的保育（小規模保育拠点）

近年では、待機児童問題や少子化（部分的年齢人口密度低下）に対応するため住宅や学校、商業ビルの一角を活用した小規模保育拠点が増えている。このうち特に運用規模が3〜5人と小さい家庭福祉員（保育ママ）制度は、戦後間もない時期につくられた「昼間里親」制度（京

図1.11 シュタイナー教育の保育室の構成例

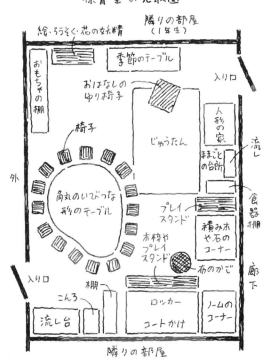

図1.12 シュタイナー教育を取り入れたこども施設の例（東江幼稚園・東京都／村山建築設計事務所）

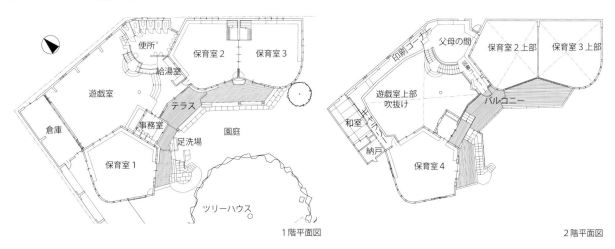

1階平面図　　　　　　　　　　　　　　　　　2階平面図

都市）を下敷きにしたもので、家庭的保育事業への補助制度（2001年〜、厚労省）を受け、住宅の一部など家庭的な環境で、主に2歳以下の子供を保育する。福祉員の自宅を拠点とすることが大半であるため、家庭内での事故防止と同様の配慮がなされる。また、庭などの外部空間が十分に取れないケースが多く、公園や遊歩道などのまちの環境を活用して保育を行う。こうした保育方法は、地域で子供を育てるという意識の土壌づくりにも貢献しており、地域環境のあり方を子育てや保育の場として見直す契機ともなる。

7 古民家転用による保育

上記のように、既存建物の転用による保育施設は増えている。福祉施設全般にわたってそのような傾向があるが、特にケアにおいて「家らしさ」を重視することが有効である認知症高齢者のグループホームや小規模多機能型居宅介護事業所には、以前から古民家がしばしば活用されていた。保育施設においても、少数ながら古民家を活用したケースがある（ピックアップ事例2　陽だまり保育園）。

このような古民家活用による園の環境設定のベースには、地域の気候・風土に根差してつくられて使われてきた生活環境のなかで、子供たちに「昔ながらの」「本物の」生活体験を通して感性を磨いたり、様々な気づきを得てほしいといった保育理念がある。この取組みの効果として、少子化によって統廃合が進んだ小学校区が実際の生活範囲から乖離していくなかで、こども施設が地域コミュニティの核としての位置づけを再び得ることなども期待される。また、地域での貴重な文化資源ではあるものの、単に「保存」だけを目的とするのではなく、「活用」しながら残していくことによって、歴史的建造物が時代を超えた意味をもちながら生き残っていくことにも繋がる。

このように、古民家転用による保育（施設）には複数の価値が見いだされるため、子供の成長・発達という視点だけでなく社会との関連性や、地域との関係など多様な側面からそのありようが検討されるべきものである。

表1.1　園庭の構成

系別施設	大系 場所別（スペース）	中系 機能別	小系 設備別	屋外保育具体例別
屋外保育施設（遊び場・園庭）	平地（グラウンド）施設	1. 陸上競技系	グラウンドまたは特設三輪車用コンクリートコース	25m疾走、リレー競争、縄とび、マット体操、ラジオ体操、幅とびなど
		2. 遊技系		リズムダンス、鬼ごっこ、陣とり、缶けり
		3. 球技系		ボール投げ、ボールけり、野球、サッカー、ドッジボールなど
		4. 移動遊具系		二輪車、三輪車、ゴーカート、リヤカー、タイヤころがしなど
	遊具施設	1. 固定遊具①系 狭義の遊具：運動機能を主とした固定遊具	木、ジャングルジム、ぶらんこ、すべり台、シーソー、鉄棒、トンネル、メリーゴーラウンド、渡りなど	登る、降りる、すべる、上下する、吊り下がる、くぐる、まわる、渡るなど
		2. 固定遊具②系 広義の遊具：模倣、受容、構成遊びを主とした固定遊具	子供の家、ポンコツ車、芝生、土の小山、草のしげみ、テーブル、木陰など	ままごと、自動車ごっこ、すもう、押しくらまんじゅう、馬のり
		3. 素材遊具系 最広義の遊具：素材の利用による遊具	砂場、土場、水場（プール、シャワー）、ガラクタ場など	砂遊び、泥んこ遊び、プール遊び、がらくたによる造形遊び
	自然環境施設	1. 小動物（飼育）系	自然の草むら、木立、小川、池、犬小屋、はと小屋など	虫、鳥、魚、小動物一般の飼育、観察を行う
		2. 植物（栽培）系	花壇、小さな畑、植木場、自然の草むら	草、花、木、野菜などの栽培、観察を行う
	付属施設	付属施設系	飲料水用設備、足洗用設備、外便所、ベンチ、倉庫、小屋など	水を飲む、足を洗う、大小便をする、休憩をする、スコップやマットやとび箱をしまうなど

図1.13　野中保育園の園庭（静岡県）

図1.14　園庭における立体的空間の例（川和保育園・神奈川県）

ピックアップ事例2　陽だまり保育園(設計/安藤設計)

　里山のすそ野に立地する、古民家転用の保育所である。この事例では、子供たちがかつて日常生活のなかで自然に学んでいた知恵や工夫、身体の制御などを子供たち自ら身に付けていくために、本物の日本家屋を保育所として利用したいと運営者が考え、古民家を活用することにした。古民家を解体し、その古材を最大限利用しつつ、保育室、キッチン等を大幅に増築している。保育室は畳敷きの天井高が低い空間（午睡や静かな遊びの場として使う）と、板敷きで吹抜けになっている空間（食事や集団遊びの場として使う）とが組み合わされており、廊下・縁側を介して園庭を望む構成である。また、保育室は板戸で仕切られており、開けて一体的に使うこともできる。上部からは隣接の保育室の声が互いに聞こえ、異年齢のかかわりが自然と生まれる。また、生活のペースが異なる年齢の4・5歳児室と2・3歳児室の間に土間があることにより、この空間が緩衝領域となって音の問題などが低減されており、子供たちの共同生活が可能になっている（乳児は別棟）。

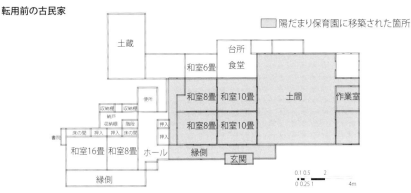

転用前の古民家

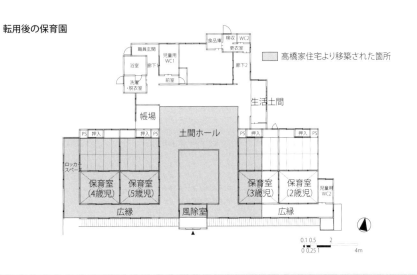

転用後の保育園

1.4 こども施設の種類と計画

❶ こども施設の種類

就学前の子供の保育・教育施設（拠点）としては、認可保育所、幼稚園、認定こども園が主要な種別となる。こども施設の「種別」による相違は今後はなくなり、それぞれの自治体や法人、園ごとに、対象とする子供の年齢や保育時間、保育理念のさらなる多様化が進んでいくと考えられるが（p.8）、現時点では3つの施設の根拠法や設置基準は異なる（p.25、表2.2）。

❷ こども施設の計画

① 1日の流れ

こども施設での子供の過ごし方は、保育の期間（受入れの最低年齢/月齢）のほか、保育の時間帯と、時間帯ごとの保育場所（子供が過ごす場所）、時間帯ごとの活動内容を軸に整理できる。また、この保育の時間帯を1日の流れととしてみると、次のようになる（図1.15上）。

保育所（0～5歳まで、1日の大半の時間を過ごす長期間・長時間タイプのこども施設）では、朝夕とも各家庭の事情に合わせて随時登園・降園する。開所時間は9時間が基本で、昼食後に午睡・休息をとる。年長児では就学準備として昼寝のない生活リズムを整えるため、昼寝ではなく静かに過ごす時間をとることが多い。幼稚園（就学前の2年間、半日程度通う短期間・短時間タイプのこども施設）では登園時刻・降園時刻に合わせて一斉登園・一斉降園が一般的である。施設がバスで園児を送迎する場合も多く、その場合は待合スペースが必要となる。開所時間は4時間が基本で、おおむね昼食を食べて降園する。近年では共働き世帯が増えたことなどを背景に、預かり保育を実施するケースがほとんどで、預かり保育を利用する子供は夕方まで園での時間を過ごすことになる。

活動の内容としては、園ごとの違いはあるが、一般的に幼稚園は設定保育、保育所では自由保育が多い傾向がある。

保育所（的施設）は、子供の成長発達の場、生活の場としての役割がより強く、幼稚園（的施設）は就学訓練や幼児教育の場として捉えられる傾向がある。いずれにせよ、これらの施設は乳幼児の生活と遊びを主体に組み立てられる必要がある。

② 1日のなかでの園児数の変化

コアタイムの長さや延長保育・預かり保育の実施状況、各家庭での預かり時間の多様さの相違などから保育所（的施設）・幼稚園（的施設）・認定こども園では、1日の園児数の変化の様子が異なる（図1.15下）。1日のなかでの園児数の変化は、こども施設の運営の基本的な骨格のひとつである。保育時間帯の設定や園児の活動の場所、保育集団の編成（クラス別活動/合同活動など）は、園児数の変化する時間帯の節目に合わせて組み立てられるためである。このような移り変わりのなかで、子供の遊びの連続性を途切れさせず、かつ適度なにぎわいのある密度で遊べるよう、室の大きさやスペースの仕切りなどに配慮する。

長時間児が多い場合（保育所型）では、活発な時間帯・ゆっくりとした時間帯など保育時間帯ごとの性格づけを明らかにして、それぞれの時間帯を演出しメリハリをつくる工夫があることが望ましい。逆に短時間利用児の比率が高い場合（幼稚園型）では、1日の間の活動の連続性やストーリーづくりもさることながら、週間・月間・年間活動や、家庭の生活との連続性なども課題となる。コアタイム前後の預かり保育時間帯は、園児の数が少ないことが一般的であるが、その時間帯にも子供たちが豊か

図1.15 施設類型・生活の流れ・1日の園児数の変化

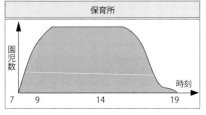
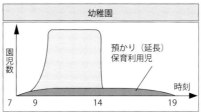
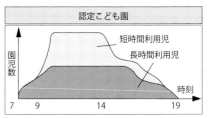

な経験ができるように活動場所や活動内容をデザインすることが必要である。

③年齢別の人数

上述のように、保育所(的施設)では児童の年齢に幅があり、利用児が少ない朝夕の延長保育の時間帯ではすべての年齢の子供が一緒に過ごす場面が見られるなど、保育単位の集団に年齢差があることがひとつの特徴である。これに対して、施設全体の人数規模が同程度であった場合、保育所(的施設)よりも幼稚園(的施設)では、同年齢児の人数規模が大きい。この特徴に付随して、同一年齢児が複数の保育集団(クラス)に分かれる必要が生じることがある。こうした際には、保育集団(クラス)の基本単位ごとの活動の場を担保しつつ、年齢児ごとの交流機会・活動の場等にも配慮が必要となる。図1.16では、同年齢児のクラスの保育室の間仕切り壁が可動で、年度開始時点と年度の途中で保育室の使い方を変えている例である。この園では年度後半には2つの保育室でそれぞれ異なるしつらえを行い、園児が2つの保育室の中で自由に居場所や活動を選択できるようにしている。

他に、異年齢集団の中での育ち合いを重視する理念によって、異年齢での保育単位(クラス)編成を行う場合もある。構成は園の状況や理念によっても異なるが、「0～1歳・2歳・3～5歳」や、「0歳・1～2歳・3～4歳・5歳」などの構成がある。いずれも、5歳の特に年度後半は就学に向けた準備として、4歳児以下とは午睡等の生活リズムが異なることに配慮が必要である。

1.5　こども施設の歴史と近年の動向

❶「幼稚園」と「保育所」の成立

「幼稚園」は、1840年にドイツの教育者・フレーベルが亡き兄の子3人を含む5人の子供の教育の場として開設したkindergarten(キンダーガルテン)が原点といわれる。フレーベルは、著書『人間の教育』のなかで"人間の教育はこどもの発達に対して「受動的・追随的」であるべきで、「命令的・規定的・干渉的」であってはならない"という教育思想を説き、幼児期の遊びの大切さにも言及している。その原点に立ち返れば、幼稚園とは、特に遊びを通して、子供の主体的な成長・発達を助ける場であるといえる。

わが国における「幼稚園」は、東京女子師範学校附属幼稚園(1876[明治9]年)に端を発するといわれ、その後幼稚園令の交付(1926[昭和元]年)によって、小学校の一部から独立した課程となった。また、戦後1947年に制定された学校教育法で、幼稚園課程は学校教育の一環として、「幼稚園」は「教育施設」と位置づけられた。

一方「保育所」は、産業革命によって生じた深刻な人手不足を補うため、安価な女子労働力を確保する必要に応じるかたちで誕生したと言われる。わが国では、1890年に新潟の静修学校(公立学校に通学できない子女のための学習塾)におかれた保育室が最初期の例として

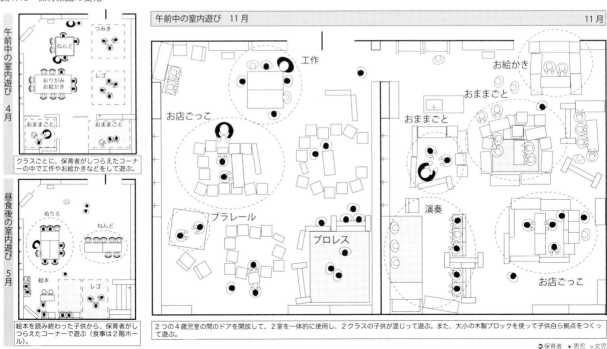

図1.16　保育集団の変化

記録に残っている。その後、日露戦争（1904〜05 [明治37〜38] 年）後に、軍人遺族や低所得者の子の養育のため、また社会運動への対応などとして数を拡大した。さらに、大正デモクラシーと連動し、大正中期には日本各地に公立の託児所ができ、幼稚園と並ぶ子供の保育施設としての役割を確立していった。戦後、1947（昭和22）年には、教育施設である幼稚園とは異なり福祉施設として、児童福祉法によって、「保育に欠ける子」を対象とする児童福祉施設と位置づけられた。

❷ こども施設としての流れ

その後、「1.1 子育ちと子育てを支える」で述べたように、幼稚園の預かり保育拡充による対象年齢や保育時間の長期間化・長時間化、保育園での幼児教育の拡充など、両者の差異は縮小していった。また、共働きや一人親世帯・核家族世帯の増加に伴い保育ニーズが拡大する状況や、少子化による施設の効率的な運営の必要性などを背景に、幼保の一元化が進んでいる。こうしたなか、保護者の就労状況によらない子供の発達環境の保障や、ワークライフバランスの自由度を高めるなど「保育と就労支援」という保育施設の根幹が改めて重視されている。幼稚園教育要領と保育所保育指針も、子供の成長発達支援の観点から改訂が重ねられ、いずれも子供の「生活」を通した間接的な支援の重要性を強調するようになり、また地域コミュニティとの連携や小学校教育への連続性、乳幼児の一貫した保育の重要性が再認識されるに至っている。

そして2015年の児童福祉法の改正により、保育所の目的は「保育を必要とする子」を保育すると改められた。

❸ こども施設の設計・計画動向

明治時代から太平洋戦争を挟んでの、史料に残る保育所・幼稚園の草創期から近年までのこども施設の計画例を図1.17（p.20〜21）に整理した。

大きな流れとして、1873年に提示された、文部省による「小学校建設図」を下敷きとした、学校建築の流れを汲むハーモニカ様・保育室並列型の計画が最初期にある。時代が下り、宗教者や地域の篤志家によって、住宅や教会・寺社を保育の場として転用して使う生活空間転用型の事例がつくられ、保育・幼児教育の場は草の根的に広がっていった。戦後の児童福祉法制定後もしばらくは施設設置補助金制度などがなかったことから保育所開設は、既存建物の転用による例が多かった。その後こども施設は"設計"の対象として様々な提案がなされ、保育室の解体、立体的空間の構築など特徴ある園舎が多数つくられてきた。特に、「保育室」のあり方が独立からオープンへと変化してきたことは、小学校建築におけるオープンプラン型の普及と照らしても注目できる。また、建築の長寿命化や待機児童問題、保育ニーズへの対応、地域コミュニティとの関係性の重視などを背景に既存建物の活用（リノベーション）が盛んになり、地域密着・小規模の保育施設や、既存建物の転用による保育所などが増えている（ピックアップ事例3　まちの保育園小竹向原）。このような転用による事例の場合は、最初からこども施設として計画されているわけではないため、通風・採光・動線計画などの自由度が制限されることについては留意が必要である。

1.6　事例の位置づけ

本書では、様々なこども施設について、運営や立地といった条件のなかでの「保育の理念」と「建築」の対応を幅広く紹介することが重要であり、有用と考えた。そこで、私立／公立、幼稚園／保育所／こども園、市街地／郊外・地方の組合せが多様であるように、かつ多彩なプラン例を紹介することとした。

「むさしの幼稚園」は、それぞれの保育室を独立させつつ、屋内廊下と半屋外テラスで挟むように円弧状に配置しており、保育室と園庭の関係を重視するいわゆるテラス型保育室の典型例といえる。さらに、ハイサイド窓からの光が保育室奥深くに採り込まれる、開放的な保育室も特徴的である。

「木の実幼稚園」は、保育室の間に階段や便所などを配置することで園庭側と園外の両面に対して開口をもつ保育室としている点が特徴的で、複数の園舎が並ぶ向かい合いの空間も魅力的である。

「狭山ひかり幼稚園」は、裏庭−保育室−園庭の軸と、園庭に対して並ぶ保育室群を繋ぐ広狭2つの通路的空間という3つの軸が交差する構成が特徴的で、異年齢交流や多様な関係性を内包しつつ、園舎全体がひとつの家のように感じられる立面が非常にコンセプチュアルな事例である。

「ささべ認定こども園」は、生活のシーンによって構成される保育室というコンセプトが斬新かつ子供の過ごし方に寄り添う提案で、保育室の計画に一石を投じ入れるものである。

「どろんこ保育園」は、市街地に建つ保育所・夜間保育所で、市街地のなかでの屋外保育空間の持ち方、また保育時間帯の多様性に、運用と保育室の構成によって対応しているという点で非常に示唆深い。

「夢花保育園」は、市街地にあって屋外空間をもちつつ、立体的な空間計画を生かして異年齢の繋がりをもてる保育室構成と、水まわり・ランチルーム・管理系諸室を明確に切り分けて設置する構成のバランスが秀逸な事

ピックアップ事例3
まちの保育園小竹向原 (設計/宇賀亮介建築設計事務所)

■小規模保育拠点の整備

特に都心部では、保育ニーズが高いものの保育所用地の確保や建設にかかる時間やコストの問題から新築保育所の開設が困難である。また、将来的な少子化が予測されるなかで新たなハコモノをつくりにくいという状況もある。そのため、既存建物を転用した小規模な保育施設や、公園の一角に保育拠点を設置するといった事例が増えている。こうした例では園庭を十分にとることができない場合が多く、まちの遊歩道や公園、寺社境内や河川敷などを屋外の活動場所として利用する。このようななかで、平日の昼間にあまり使われていない公園の活用と環境保全に繋がったり（保育者が安全確認や簡単な清掃を行う）、子供が地域の資源、歴史・文化に日常的に触れる機会が保育に組み込まれる。また地域の人々にとっても、子供がまちにいるという状況が日常となり、結果として地域振興が期待できるという側面もある。

■まちづくりとしての福祉

保育拠点がまちに点在し、まちが保育の場として使われていくことで、歩道・信号等の安全施設の整備の契機ともなり、子育て世帯だけでなく高齢者・障がいのある人など多様なまちの住人にとっても、良い環境がつくられていく。福祉拠点をまちの資源と連携させてつくっていくことは、住みやすいまちづくりそのものでもある。

■まちの拠点としての保育所

より積極的に、まちとの関係をつくろうとする事例もある。「まちの保育園小竹向原」は、保育所とコミュニティに開かれたカフェが一体的に計画された事例である。それぞれの視線の高さをずらすなどの建築的工夫がなされつつも、まちの拠点としての保育所のあり方として新しい提案がなされた事例である。

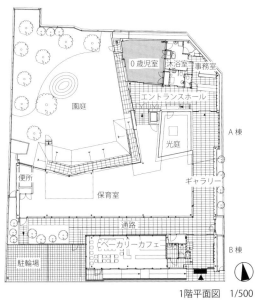

1階平面図　1/500

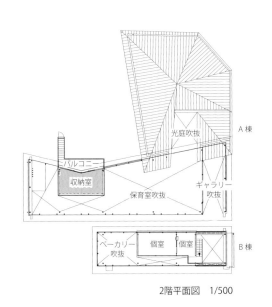

2階平面図　1/500

図1.17 こども施設の平面計画の歴史

| 1876 | 1900（M33） | 1947 | 1970 | 1980 | 1990 | 1995 |

1873 文部省「小学校建設図」提示

1895 文部省「学校建築図説明および設計大要」による片廊下式校舎の推奨

1967 文部省「学校施設基準規格調査会設計試案」

1998「幼稚園と保育所の施設の共用化等に関する指針」による施設共用の開始

「学校建築」の設計指針からの影響（ハーモニカ様・保育室並列型）

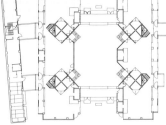

■1992 保育園るんびいに
（小川信子・小川建築工房）（⑥）
テラスと屋内縁側空間に繋がる、年齢別保育室群と段差を生かした遊戯室など心身の発達を保障する保育空間の丁寧な設計

■1876 東京女子師範学校附属幼稚園（①）
明治啓蒙期の賢母論のもとで、「学校」ではなく、あくまで「保育空間」としての幼稚園を目指しながら、近代西洋・アメリカの小学校建築構造と小学校（スクール）式に並べられた机を基本にしていた

保育理論の発展、保育環境の近代化

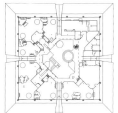

■1974 直島幼児学園
（石井和紘・難波和彦）（④）
幼保一元化施設。クラスルームをセミオープンに繋ぎ、その境界の領域に大規模立体遊具を設置

■1901 大阪市立愛珠幼稚園（中村竹松）
民家転用園舎からの新築移転、通風・採光・騒音への対策

□1900 二葉保育園
東京の貧民街に、民間融資のカンパによって底辺の人々へのクリスチャン思想による救済施設として設立（開設当初は名称「二葉幼稚園」だったが、乳幼児の保育も実施していたため実態に合わせて後に変更）

■1972 野中保育園
（仙田満・環境デザイン研究所）（③）
独立した保育室によって各年齢段階の発達に応じた環境を保障しつつ、各保育室のロフト状空間、また保育室を繋ぐ立体的なみちなどによって「建築空間の遊具的処理」が目指された。また、アジト空間や半屋外空間などの子供の遊び環境の"装置"がつくり込まれた

「設計」対象としての保育施設

■1973 PL学園幼稚園
（相田武文設計研究所）（④）
ピラミッド状のヴォリュームの中に保育室など所室を埋め込み、中央にサンクン型中庭を配置

1926（T15）幼稚園令公布：幼稚園の小学校からの独立

■1967 ゆかり文化幼稚園
（丹下健三・建築設計研究所）（②）
南斜面の勾配を利用し、扇状に園舎が配置された

■1985 檜原こひつじ幼稚園
（N設計室一級建築士事務所）（⑤）
シュタイナーの理念により、直角や鋭角部をなるべくつくらないリズミカルな空間の形状と構成

1947（S24）児童福祉法制定、学校教育法制定（保育所、幼稚園の制度化）
お寺や教会、地域の篤志家などが建物・資金を提供し、保育所が各地に設立される（補助金等の支援制度未整備期）

「家らしさ」に根付いた"自然"や"伝統"を重視する育ちの環境

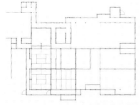

■1947 小俣幼児生活園
古民家転用。地方名主の一族が使用していた主屋・続き倉（当時は改修して最低限の水まわりを付加し疎開者の住まいに使われていた）・離れなどを含む敷地全体を転用して開所

戦後の「保育所」「幼稚園」の草創期

■1989 いなほ保育園（⑦）
保育者と保護者が大工と一緒に造りあげた「手づくりの園舎」。昔ながらの縁側や軒下空間・縁の下空間などをもつ和風建築

参考文献
①稲井智義・吉田直哉「保育空間のポリティクス—森重雄の主題によるミクロ権力論的視角」東京大学大学院教育学研究科紀要 第52巻、2012（氏原鋑「幼稚園創立の当時（我国幼稚園の生長二）」『幼児の教育』27巻3号、1927.03）より二次引用、②フリードマン・ウィルト編『E+P：設計+計画4 子供のための建物』集文社、1976、③仙田満『あそび環境のデザイン』鹿島出版会、1987、④日本建築学会編『建築設計資料空間 SERIES 子供の空間児童施設』彰国社、1994、⑤日本建築学会編『建築設計資料空間 SERIES 子供の空間小学校・幼稚園』彰国社、1993、⑥高木幹朗、谷口汎邦編修『建築計画・設計シリーズ10 幼稚園・保育所／児童館』市ヶ谷出版社、2003、⑦北原和子著、塩野米松聞き書き『いなほ保育園の十二カ月』岩波書店、2009、⑧建築思潮研究所編『建築設計資料51 保育園・幼稚園2』建築資料研究社、1995、⑨新建築社『新建築2011年6月号』、⑩新建築社『新建築2013年4月号』

| 2000 | 2005 | 2010 | 2015 |

2006 認定こども園法制定

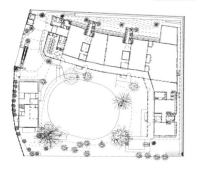

■2011 狭山ひかり幼稚園
(アタカケンタロウ建築計画事務所)
2つの外部空間に挟まれた保育室群は、外-半屋外-内-半屋外-外、の軸をもつ。さらに、保育室群を2つの「通り」が貫き、保育室群に連続性をもたらしている

■1979～順次増築、2012 大規模改修・増築 認定こども園 さざなみの森
(2012 改修・増築：竹原義二・無有建築工房)(⑩)
敷地の傾斜を利用した、通風と採光、子供の活動場所と視線の"つながり"の丁寧なデザイン

■2012 あきたチャイルド園
(泉俊哉・サムコンセプトデザイン)
中庭を囲む、一室型の保育室の構成。室内は保育のコーナーごとに建具や家具で緩やかに仕切られる。異年齢混在の保育・コーナー保育と対応した空間構成

"保育集団ごとの室設定 = 独立した保育室の連続"の解体

立体的空間構成による保育の場での関係性のデザイン

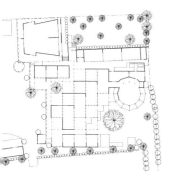

■1994 あんず幼稚園
(倉島和弥・企画設計室 RABBITSON)(⑧)
子供の集団形成の特徴に対応した、L字型の保育室が特徴的。またテラスが広く張られており、内外の空間の連続性が高い

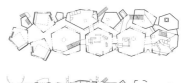
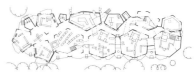

■2011 みどりの保育園
(石原健也・デネフェス計画研究所)(⑨)
保育室どうしの緩やかな向かい合いの構成、保育室に設けられたロフトと吹抜けによって、多様な居場所と視点場、そこにいる子供間の関係性が生まれている

保育理論と融合した積極的な建築空間デザイン

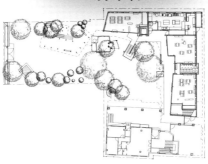

■2007, 2009 認定こども園あけぼの学園
(竹原義二・無有建築工房)
不整形な保育室群の壁が描く襞状の空間と、積層されたテラスが立体的な遊びの場や、多様な視点場、またそれらによってもたらされる関係性をつくっている

■2001 認定こども園こどものもり
(建築計画研究所都市梱包工房)
幼稚園として開設後、保育園の認可を受け、幼保一体化を目指し保育園舎と幼稚園舎を合築した園舎を建築。その後、認定こども園の認可を受ける。幼稚園部門は活動内容と対応したコーナーの連続によって構成される異年齢混合での活動空間として設計・営されている

■2012 まちの保育園六本木
(森ビル)
大規模住商複合ビルの一角に配置された保育所。敷地内のスペースを外遊び空間として使う。決まったスペースの中で年齢ごとの過ごし方に合わせた保育室をとる工夫がなされている

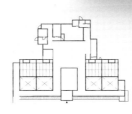

■2002 砧南らら保育園
中学校の余裕教室を利用した、0～2歳児対象の小規模保育施設

既存建物のリノベーション利用 機能複合建物の一角としての保育所

■2011 陽だまり保育園
(安藤建設設計)
古民家の移転による保育園舎。古材を利用し、元々の空間構成を活用しつつ、保育所としての要件を満たすため積極的な増築や改修を行っており、古民家利用でありつつ現代的な保育ニーズにも対応している

例である。

「きたの保育園」は、田園風景の中に建つ、異年齢保育を特徴とする保育所で、異年齢保育ならではの多様な空間性を内包する保育室とデッキで構成される。子供の成長発達の拠点となる保育室の構成要素を見て欲しい。

「あきたチャイルド園」は、中庭を囲んで保育室と管理諸室を置いており、保育室部分はコの字形の一連の空間を、透明性の高い建具や、棚などの家具、吊りものなどで区切って使用している。「保育室（保育のための空間）」とは、ある部屋を指すのではなく、子供の活動のための設定（settings）とそれらの間の流れ・動線（circulations）の、ある保育単位のためのひとまとまりなのだという思想とその体現を読み取って欲しい。

「認定こども園あけぼの学園」は、住宅が建て込む市街地にありながら、園庭の緑と建物が渾然一体となった立体的かつ内外空間の連続性が魅力的な事例である。園庭側に開き折れ曲がったテラスの空間性と子供たちがそこここに見いだす意味＝場、不整形な保育室が生む活動や場の手がかり、空間に生まれる明暗の差、ダイナミックな空間と小さく親しみのある空間の対比と共生、多くの魅力と特徴を読みとることができる。複雑で差異＝特性に満ちた場の集積としての園舎・園庭空間が生む子供の空間認知や活動との対応を感じて欲しい。

2 設計・計画

2 設計・計画

2.1 敷地

❶ 敷地の選び方

　近隣の園との位置関係、園バス使用の有無などから、通園エリアの範囲を定めることが敷地選定のポイントとなる。また、都市部と地方では、送迎時の自動車使用実態が異なるため、送迎手段や近隣道路の状況などについても十分な調査が必要である。近年では職場や通勤で利用する駅近くに保育所が設置されたり、千葉県流山市などでみられる送迎保育ステーション（図2.1）なども実現されており、自宅近くの園に通わない選択肢もあり得る。

　一方、住民同士の関係が希薄な地域などでは、活動時の園児の声が騒音と感じられてしまうこともある。園が地域とうまく共存できるよう、地域住民の特性や昼間人口の実態などを把握する必要もある。

　敷地は自然豊かな園庭が設けられるよう、日当たりが良く快適な場所が好ましい。都市部などで園庭の確保が難しい場合は、園児が屋外で十分活動できるような公園や広場がすぐ近くにある場所を選定したい。また、近隣を散歩する際に、園児にとって魅力的かつ安全な環境となるように、敷地周辺の散歩ルートを想定しながら、敷地を選ぶことも必要である（図2.2）。

　保育所は全地域、幼稚園は工業地域、工業専用地域以外で建築可能である。工業系地域には住宅やマンションも立地しているので保育所が求められるのは理解できるが、敷地が工場跡地の場合は土壌汚染の事実がないか事前に調べておく必要がある（表2.1）。

❷ 施設の適正規模

　人口規模や年齢構成をもとに、地域のニーズから施設規模を定める必要がある。またニーズが減少した場合の用途転用の可能性や、賃貸物件の改修などによるイニシャルコストの低減など、長いスパンでみた規模計画が

図2.1　送迎保育ステーションの役割

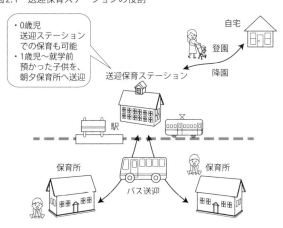

図2.2　駐車場を敷地から離し、畦道を通らせている（ゆりかご幼稚園・岐阜県）

表2.1　建築物の用途制限　　　　　　　　　　　　　　　　　　　　●は一部制限あり

建築物の用途＼用途地域	第1種・第2種低層住居専用地域	第1種・第2種中高層住居専用地域	第1種・第2種・準住居地域	近隣商業地域	商業地域	準工業地域	工業地域	工業専用地域
幼稚園・小・中・高校	○	○	○	○	○	○	×	×
保育所	○	○	○	○	○	○	○	○
老人ホーム・身体障害者福祉ホーム等	○	○	○	○	○	○	○	×
老人福祉センター・児童厚生施設等	●	○	○	○	○	○	○	×
住宅・共同住宅・図書館	●	●	○	○	○	○	○	×
事務所	×	●	●	○	○	○	○	○
大学・各種学校・病院	×	○	○	○	○	○	×	×
劇場・映画館・観覧場	×	×	●	●	○	○	×	×

求められる。最低基準面積は、幼稚園と保育所で計算方法や必要諸室が異なる（表2.2）。ただし、建物にかけられる予算が少額の場合が多々あり、最低基準面積を大きく上回ることは少ない。そのため、園児の活動をイメージしながら、コンパクトに空間をまとめる必要がある。

保育方針によりクラス規模やクラス内の年齢構成も異なるため、園児の活動を運営者とよく相談しながら規模を検討する必要がある。特に保育所では園児の年齢に応じて担当すべき保育士数が異なるので、園児数変動の可能性も含めた柔軟な空間構成が求められる。

一時保育実施や、未就園児に対する施設開放の有無などについてヒアリングし、必要であれば、在園児と活動エリアを分けるような配慮が必要である。このほか、近隣の小学校との施設連携、学童保育所との一体的計画など地域の実情に合わせて提案することが好ましい。

一方、寒冷地など冬季に屋外で十分に活動できない地域では、暖房方式や設備を吟味し、屋内で身体を十分動かして遊べる広さが求められる。

表2.2　事業内容と施設設置基準の違い

		保育所（認可）	認定こども園	幼稚園	東京都認証保育所A型	東京都認証保育所B型
事業内容	所管省庁	厚生労働省	厚生労働省・文部科学省	文部科学省	東京都福祉保険局	
	根拠法令	児童福祉法	就学前保育等推進法	学校教育法		
	設置運営基準	児童福祉施設最低基準	・児童福祉施設最低基準 ・幼稚園設置基準　等	・学校教育法施行規則第74～77条 ・幼稚園設置基準	東京都認証保育所事業実地要綱	
	設置主体	制限なし（地方公共団体、社会福祉法人、学校法人、宗教法人、有限・株式会社、個人等）	制限なし。保育所と幼稚園で各々施設費・運営費の助成金の対象に制限があるが、こども園ではこの制限がない	原則として公立および学校法人立に限る。宗教法人等も例外的に可。構造改革特別区域では一定の要件の下に緩和	民間事業者等	個人
	対象児	保育に欠ける乳幼児（受入れ月齢・年齢は自治体や園により異なる）	保育に欠ける乳幼児と就学前の幼児（受入れ月齢・年齢は自治体や園により異なる）	満3歳以上の幼児（4月時点での満3歳以下の児を「未満児」として受け入れる園もある）	市区町村が保育を必要と認める都内在住の児童 月160時間以上の利用が必要な0歳から小学校就学前までの児童	0歳から2歳までの児童
	開所時間	原則8時間、延長保育あり		標準4時間、預かり保育を実施する場合あり	13時間の開所を基本とする	
	定員および1学級当たり（乳）幼児数	総定員60人以上、緩和・例外規定あり（幼保連携、小規模保育所等）	定員の下限はない。1学級の幼児数の上限は幼稚園の基準と同様	1学級の幼児数は35人以上を原則とする（1学級ごとに専任教諭1人がいること）	20～120人まで（総定員の半数以上は3歳未満児。0歳児の定員を必ず設定）*1	6～29人まで（0歳児の定員は必ず設定）
基準設備・面積等	所要室等	保育室または遊戯室、乳児室またはほふく室、便所、調理室、医務室		職員室、保健室、保育室、遊戯室、便所、飲料水／手洗い／足洗い用設備 *2	認可保育所に準じ、保育スペース、調理室、便所（専用の手洗い設備）、医務室（静養機能を有する。事務室と兼用も可）等。 要綱に定める設備、面積および職員配置等の基準を満たす場合は定員を超えて保育を行える	
	乳児室またはほふく室（内法面積）	0、1歳児 ・乳児室　1.65㎡／人以上 ・ほふく室　3.3㎡／人以上			0歳児および1歳児 3.3㎡／人以上	0歳児および1歳児 2.5㎡／人以上
	保育室または遊戯室（内法面積）	2歳児以上　1.98㎡／人以上*3		保育室の数は学級数以上必要	2歳児以上　1.98㎡／人以上（*保育室または遊戯室には保育に必要な遊具を備える）	
	屋外遊戯室・運動場	2歳児以上　3.3㎡／人以上（待機児童解消のため付近の代替場所でも可と緩和）	・2歳児：保育所の基準と同様 ・3歳児以上：幼稚園・保育所の両基準を満たすこと	・2学級以下 330+100×（学級数-1）㎡ ・3学級以上 400+80×（学級数-3）㎡	2歳児以上　3.3㎡／人以上（児童が実際に遊戯できる面積）。（付近の代替場所でも可）	特に規定せず
	園舎			・1学級 180㎡ ・2学級以上 320+100×（学級数-2）㎡　*4	・保育室等や医務室は1階への設置を推奨 ・防火区画・2方向避難経路の確保、保育所に対する消防法および建築基準法に準拠	
職員配置	保育職員の配置（最低限）	・0歳児　3：1 ・1、2歳児　6：1 ・3歳児　20：1 ・4歳児以上　30：1 *1 保育所2人	・0歳児　3：1 ・1、2歳児　6：1 ・3歳児　短時間利用児 35：1、長時間利用児 20：1 ・4歳児以上　（短）35：1、（長）30：1 1学級（35人以下）につき担任1人	1学級（35人以下）につき教諭1人以上	保育所と同じ基準 *認定こども園の認定を受ける場合、短時間利用児 35：1 以上室等や医務室は1階への設置を推奨 ・開所時間中は保育士資格を有する常勤職員1人以上を含む2人以上の職員を配置 ・総所要保育従事職員の算定方法 　(0歳児数×1/3)+{(1歳児数+2歳児数)×1/6}+(3歳児数×1/20)+上記に定める保育従事職員	・定員45人以下の場合　保育従事職員1人配置 ・定員46～90人の場合　保育従事職員2人配置
	その他の職員	・調理員および嘱託医 *調理業務をすべて委託する場合は調理員は不要	・保育所と幼稚園の基準と同様	・園長 ・養護をつかさどる教諭（努力義務）	・施設長　・調理員（定員40人以下1人、41人以上2人以上配置）および嘱託医	

*1　地方裁量型認定こども園の認定を受ける認証保育所においては別途規定。備、清浄用設備。　*3　幼稚園からの転換の場合は園舎の基準を満たせばよい。　*2　努力義務として水遊び場、給食施設、図書室、会議室、放送聴取設備、映写設備　*4　保育所からの転換は保育室等の基準を満たせばよい。

2.2 構造・設備

❶ 構造形式

保育室は園庭との接地性が重要であるため、園舎は平屋もしくは2階建てまでとするのが好ましい。乳幼児が過ごす場所として、住宅のスケール感、肌に触れる心地よさ、木の香り、温かな雰囲気を創り出しやすいことなどから、木造かつ無垢材などを積極的に選択し、木の表情や温かさが感じられる仕上げを選択したい。

一方、コーナー保育実施園など空間構成に自由度をもたせたい場合は、大空間ができるRC造、S造、混構造なども考えられる。なお、2階以上に保育室を設ける場合は耐火もしくは準耐火建築とする必要があり、工法が異なってくるので注意が必要である。また、特に乳児に対して避難動線や保育室の位置など、非常時の避難方法を吟味したい。

❷ 設備計画

①暖房設備

園児は大人と比較して身長が低く、かつ活動的であるため、床暖房をメインとした暖房計画が有効である。その場合、イニシャルコストとランニングコストのバランスを検討し、どの熱源を選ぶか吟味する必要があろう。

②冷房設備

以前は冷房が設置されることは少なかったが、近年では家庭における冷房使用時間も長く、かつ夏の暑さも厳しくなっているため、園でも適切な冷房設備が求められる。ただし、可能な限り扇風機の使用や開口位置を検討するなど、自然換気がうまく活用できるような計画とするのがよい。

③水の使用

便所近くに手洗いを設置し、屋内外の出入口付近には足洗い場も設ける必要がある。特に手洗いは、日々の生活のなかで園児が行き来するため、各室からアクセスが集中する場所に設ける。このほか、夏場の散水やプール使用などを考えると、屋外にも水栓を設置するとよい。園児の遊びを考えると、潤沢に水が使用できる環境が好ましく、湧き水や井戸水などがあると理想的である。

④照明

保育空間は明るければよいというわけではなく、活動に応じて照度がコントロールされた環境がよい。人工照明だけではなく、暗くなりそうな箇所ではハイサイドやトップライトから積極的に自然光を取り入れ、明るさを確保できるように計画する（図2.3、p.44〜45）。

2.3 施設全体の空間構成

❶ 配置すべき諸室

保育施設は2016（平成28）年現在、幼稚園、保育所、認定こども園があり、それぞれ必要諸室が異なる（表2.2）。

幼稚園では、職員室、保健室、遊戯室、保育室、便所、飲料水・手洗い・足洗い用設備を備える必要があり、園舎全体の面積として最低基準が示されている。保育所では「乳児室またはほふく室」、「保育室または遊戯室」でそれぞれ園児一人当たりの最低基準面積が設定されている。医務室、便所、調理室についても備える必要があるが、最低基準面積は示されていない。また、園庭（屋外遊戯場・運動場）は幼稚園では必須であるが、保育所では待機児童解消のため、近隣の公園などでも代替可と緩和されている。なお、認定こども園は0〜2歳児は保育所基準と同じ、3歳児以上は幼稚園と保育所両方の基準を満たす必要がある。

上記の設置すべき諸室は、認可を受ける最低ラインを示したものである。魅力的な保育空間をつくるためには、保育方針や園児の成長を十分に考慮し、活動に適した諸室を検討し、そのために必要な面積を確保することが好ましい。

図2.3 ハイサイドで室内採光を考慮した事例（ささべ認定こども園・長野県／atelier-fos一級建築士事務所＋福井工業大学藤田大輔研究室）

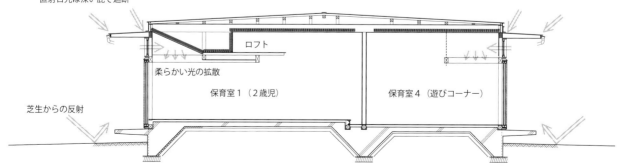

❷ 計画上の注意点

①園舎と園庭の繋がり

ⅰ）テラスから保育室に直接アクセスする場合は、屋内外を行き来しやすいメリットがある。ただし、活動に集中できるよう空間を区切ったり、テラスと園庭間に植栽を植えるなど、保育環境を保つために音や視線をコントロールする工夫が求められる。

ⅱ）玄関を通って保育室にアクセスする場合は、保育室の独立性が保たれやすい。ただし、玄関のアクセス集中や屋内外の遊びの分断が課題となる。

ⅲ）各保育室に固有の園庭がある場合は、特に低年齢児が占有して遊ぶことができる。ただし、成長段階において、他者の遊びを見て学んだり、活動的な遊びに接することも重要であり、遊び領域が共有できるような場所も計画したい。

ⅳ）敷地面積が小さいなど2階に保育室を設ける場合もある。0～2歳児と3～5歳児でエリア分けをすることが多いが、どちらの年齢層を1階にもってくるのかについては議論が分かれる。そのため、保育者とよく話し合って配置を決め、2階でも園庭にアクセスしやすいような配慮が必要となる。

②空間構成の基本的考え方

まず、過保護かつ快適すぎる環境は、園児の成長に繋がらないことを認識すべきである。園児の心身の発達に寄り添い、適度な使いにくさを残したい。園児は様々な活動を見ることにより遊びを発見し、遊び集団に参加する。そのため、園の様々な場所から活動が見えることが重要となる（図2.4）。また、ちょっとした物理的要素が遊びのきっかけとなるので、園児が自然に働きかけたくなるようなしつらえを意識的に配置する必要もある（図2.5）。子供たちの活動のみに焦点が当てられがちであるが、近隣住民や保護者と良好な関係を築くためには、地域に開かれた施設であることも重要である。例えば、保護者が日常的に園バスに乗って通園してくる園では、保護者や地域の住民が園の畑を耕したり、気軽に昼食に訪れるなど、園を自らの居場所としている姿も見られる（図2.6）。

③明瞭に聞き取れる音環境

現在の保育環境では音環境について意識されることが少ないが、言葉を習得する乳幼児期の園児にとって、明瞭に聞き取れる音環境の保障はとても重要である。日本建築学会音環境保全規準では、学校教室内の騒音は

図2.4 ホールでの活動を上から眺めることができる（金沢めぐみ幼稚園・石川県）

図2.5 マンホールが遊びのきっかけになっている（和光保育園・千葉県）

図2.6 保護者と園児が気軽に訪れる環境（札幌トモエ幼稚園・北海道）

表2.3 子供にかかわる音環境の基準と騒音レベル・残響時間許容値

日本における子供のための音環境に関する規準・指針

学校環境衛生規準（文部科学省）	学校教室内の騒音：50dB（窓閉時）、55dB（窓開時）
騒音にかかわる環境基準	住居地域：45dB（屋内・昼間）、55dB（屋外・昼間）
日本建築学会音環境保全規準・設計指針	学校教室内の騒音：40dB、残響時間：0.6秒

各規格・規準における室内騒音レベルと残響時間の許容値

WHO・国名	室内騒音（L_{Aeq}, dB）		残響時間	
	小学校教室	保育室	小学校教室	保育室
WHO	35	35	0.6程度	
イギリス	35	35	0.6	0.6
デンマーク	30～35	30～35	0.4	0.4
アメリカ	35		0.6	
オーストラリア	40	35	0.4－0.5	0.4

資料：WHO環境騒音ガイドライン、イギリス教育省、デンマーク経済商務省、米国国家規格協会、サウスオーストラリア州政府、文部科学省・日本建築学会など各国が定める音環境に関する基準・ガイドラインを参考に作成

【コラム②】

音環境と内装材

保育空間の音環境では、言葉の聞き取りやすさを重視するため、残響時間を短くすることが求められる。そのためには床、壁、天井など室内を構成する面に対して、吸音率が高い材料を用いたり、吸音材の表面積を多くしたりする工夫が大切である。特に天上面は家具などが設置されることはないので、積極的に考慮すべき箇所になる。また、薄い多孔質材を張るだけでは不十分で、厚い材料にするか、その後ろにロックウールやポリエチレンウールなどの繊維系材料を入れて吸音層を厚くすることが必要である。

40dB、残響時間0.6秒となっており、海外の規準ではさらに厳しいものとなっている（表2.3）。まず、適切な残響時間となるように内装材を選択することが必要である。なお、吸音効果が高そうな木材であるが、あまりその効果は期待できない。天井や壁面に積極的に吸音材を設置することを検討したい。音環境を改善することで、子供に落ち着いた声で話しかけるような「静かな保育」も期待できる。

2.4　各室の計画

❶ 入る・出る―アプローチ・玄関

①アプローチ

園の敷地内外を結ぶ空間であり、登降園時に保護者や園児がワクワクするような空間の演出が求められる。可能であれば、樹木や植栽を配置し、四季折々の変化や昆虫、小動物を目にするようなしつらえとしたい（図2.7）。また、ちょっと立ち寄りたくなる場所、日々の保育活動がわかるような仕掛けを配置することで、保護者の滞在のきっかけになるような配慮もできるとよい。登降園時に園庭で活動している場合は、その邪魔にならないようなアプローチ動線とする必要がある。

②駐車場・駐輪場

必要規模は地域や運営者の考え方により異なる。敷地近隣の他園の状況を調べたり、送迎時に自動車、自転車の使用状況などの地域性を鑑みて判断する必要があろう。特に、前面道路の幅員に余裕がない場合は、自動車の待ち行列が発生しないようにしなければならない。なお、園児が乗り降りするため、通常より1台当たりの幅を広くとると機能的である。

園バスは、敷地内に駐停車できるように計画し、バスから降りた園児の安全が確保できるよう配慮する。

③玄関

園舎と園庭のアクセス方法や登降園の集中度合により役割が変化する。例えば、保育室のすぐ外に園庭専用の靴が用意される場合、玄関は登降園時や敷地外への散歩のみの使用となり、それほどアクセスが集中しない。玄関を通って園庭にアクセスする場合は、混雑しないよう座れる場所を多く配置し、脱ぎ履きするスペースを十分にとることが望ましい（図2.8）。また、職員室や事務室は送迎の出迎えや防犯の観点から、できれば玄関に隣接するように配置する。

地域社会における家庭の孤立化が進み、子育てなどの悩みを抱える保護者も多い。そのため玄関周りでは、保護者が気軽に滞在できるような雰囲気・空間づくりを心がけたい。例えば、玄関付近に絵本コーナーや縁側など保護者が立ち寄れるしつらえがあれば、保育者との会話のきっかけに繋がる（図2.9）。

④テラス・廊下

通過のためだけでなく、遊ぶことができる適度な幅員をもたせ、他空間と緩やかに繋げるとよい。保育室とテラスがL型平面で配置されている園では、様々な場所から両者を行き来する姿が見られる（図2.10）。また園舎

図2.7　樹木や植栽で演出されたアプローチ（川和保育園・神奈川県）

図2.8　靴の履替えがしやすい玄関（桜保育園・大阪府）

図2.9　縁側と玄関横の絵本コーナー（木もれ陽保育園・愛知県）

図2.10　L型の保育室とテラスの配置（あんず保育園・埼玉県）

図2.11　半屋外に設置されたおむつ換えスペース（川和保育園・神奈川県）

図2.12　屋内外で高低差がほとんどない乳児クラス前廊下（ながかみ保育園・静岡県）

の端など行き止まりの場所では、家具や遊びコーナーを配置して、園児の滞在を促すよう意識する。特に低年齢児にとっては、他園児の活動を見ながら安心して滞在できるコーナーとなる（図2.11）。また、低年齢児クラスでは、柵などを用いて保育室内から出られないようにしている園が多いが、可能であれば保育室以外にも滞在場所があるとよい。廊下幅員が十分あり、室とフラットに連続している園では低年齢児でも廊下に滞在している（図2.12）。

❷ クラス集団で活動する―保育室・遊戯室

保育方針によって適した保育室面積やコーナー形成は異なるため、保育室に求められる機能・役割について、設計者と保育者がよく話し合いながら設計を進める必要がある。また、クラス単位の活動を中心に計画しがちであるが、個人の遊びや生活がより豊かになるように配慮する（図2.13）。

保育室一室で遊ぶ、食べる、寝る活動を完結している園もあるが、午睡がある場合、食べる－寝る場所の分離を検討する（図2.14）。これは、昼食から午睡への切替りがスムーズになること、昼食時に保育者が午睡の準備ができるといったメリットがある。

① 0～1歳児

大きな音が発生する活動場所から離れた位置に配置し、調乳コーナー、沐浴スペース、便所と隣接させ、静かで日当たりの良い場所であることが求められる。また、敷地外の散歩時には避難車に乗ることも多く、その動線をよく考えて配置する（図2.15）。このほか、寝るタイミングなど生活リズムが一人ひとり異なることもあり、泣いた子供をあやす際には、テラスや廊下などにすぐ出られるような配慮があるとよい。室内で十分運動するためには高低差のあるしつらえも有効であるが、発達の個人差が大きいので、能力に応じた環境構成や保育士の見守りやすさなどの配慮が必要となる。

② 2歳児

食事、排泄、手洗い、身支度、集団生活などの基本的生活習慣の確立を目指す時期であり、関連する各室・スペースを隣接させたい（図2.16）。特に排泄と身支度は動線をよく検討し、屋内動線の中心になるように配慮したい。2歳児クラスは低年齢のエリアに配置されることが多いが、屋内外の遊びコーナーで年上の園児と一緒に遊んだり、遊びに「見る参加」ができることも必要である。生活習慣の確立を基本的目標としつつ、遊ぶ場所の

図2.13 高低差があり挑戦して遊べる保育室（野中保育園・静岡県）

図2.14 遊ぶ－食べる－寝る場所の周囲に各種コーナーを配置した空間ダイアグラム（木もれ陽保育園・愛知県）

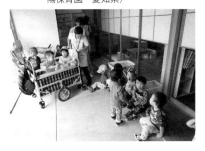

図2.15 避難車と徒歩で散歩の準備（木もれ陽保育園・愛知県）

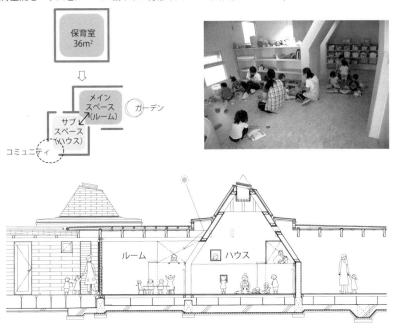

図2.16 保育空間をハウスとルームに緩やかに分離（うれしの東保育園・岐阜県／大建met・大建設計・なわけんジム）

計画がおろそかにならないよう注意する。
③3〜5歳児
　屋内における拠点であり、クラスや一人ひとりの占有意識を喚起するよう配慮したい。保育室だけで遊びが完結するのを避け、屋内外含めて様々な場所とアクセスできるよう、空間の連続性を考慮する（図2.17）。
④異年齢
　異年齢の園児が同じクラス集団で過ごす異年齢保育は、保育方針により空間構成が大きく異なるため、運営者とよく相談して計画する必要がある。例えば、1〜5歳が「おうち」のような保育室で過ごしている園では、各保育室に玄関、居間、キッチン、ダイニング、寝室などが隣接して配置され、比較的小規模で過ごしている（図2.18、p.50〜51）。一方、大きな一室空間を用意し、家具や間仕切りで様々なコーナーを形成することで、3〜5歳の園児が遊ぶ場所を自ら選んでいる園もある（図2.19）。いずれも、集団生活に溶け込めない園児のために、ちょっとしたよりどころになるような建築的仕掛けを設ける配慮が必要となる。
⑤遊戯室
　ただ広いだけの講堂のようなスペースでは園児が遊ぶのに不向きである。間仕切り壁などで普段は保育室としても使用し、行事の際に一体的な空間に変容させたり、様々なコーナーを配置し落ち着いた遊びの場所として計画したりするなど、どのような遊び・生活場面で使用できるのかよく検討する必要がある（図2.20）。
⑥一時保育室
　未就園児を一時的に保育する必要がある場合、比較的小さな空間で過ごす場所が求められる（図2.21、p.44〜45）。未就園児は園生活に不慣れなため、在園児が過ごすスペースから少し離れた位置に配置する。ただし、園の保育方針によっては、交流して一緒に過ごす場合もある。

❸ 屋内で遊ぶ―遊びコーナー

　保育室に遊びや生活の機能を集めていると保育室内だけで屋内活動が完結してしまうおそれや、園舎全体で多様なコーナーが形成されにくいことなどの課題が出てくる。そのため、遊びコーナーを保育室外へ機能移転することを積極的に検討する必要がある。また、近くのコーナーの遊び同士が融合して、新たな遊びに発展することもある。保育者の思いを引き出しながら、コーナー配置のしやすさを踏まえた空間づくりが必要となる。

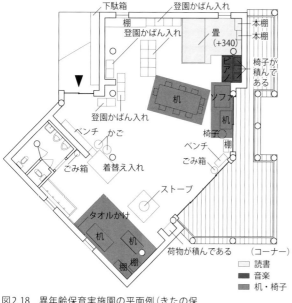

図2.17　保育室が分棟で配置されている園（もりの幼稚園・愛知県／樽建築設計室）

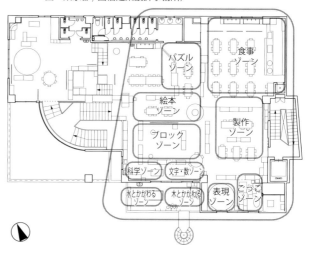

図2.19　一室空間に遊びコーナーがちりばめられた園（新宿せいが保育園・東京都／国信建築設計事務所）

図2.18　異年齢保育実施園の平面例（きたの保育園・滋賀県／莫設計同人）

図2.20　遊びコーナーが設置された遊戯室（認定こども園こどものもり・埼玉県）

図2.21　在園児活動場所と少し離れた一時保育室（ささべ認定こども園・長野県）

遊びというと集団で活動する姿がイメージされることが多く、ともすると「まとまった広さの確保」に重点がおかれがちである。しかし、1人から少人数の小さな集団で遊ぶことも多く、小さくかつ多様なコーナーを設置し、魅力的な遊びが創出できるような構成とする。また、年齢や発達段階に応じて遊び内容も変化するので、それぞれに適した遊び場所を計画する必要がある（図2.22）。

①コーナー中心に滞在する遊び

　「その場所に行けばその遊びができる」といった園の遊び文化を育む必要があるため、遊びコーナーの設定場所は気軽に変更しない。ままごと遊びは、遊びが深まってくることにより様々な場所にアクセスする。そのため、家庭的なしつらえとなるよう留意しつつ、壁などで囲い込みすぎず、周囲の場所にアクセスしやすいように配慮することが肝要である。積み木・ブロックは占有面積がとめどなく広がってしまうおそれもあるので、遊び領域をある程度コントロールできるしつらえとする。大きい積み木・ブロックは、遊びのルートを園児自らがつくるなど、動的な見立て遊びを引き出すことにも繋がるため、広い場所と隣接するように配置する。

②道具を持ち運んで定位する遊び

　おもちゃ、お絵かき、工作、粘土、絵本など持ち運ぶことができる遊びは、ある場所に遊び道具・素材が用意され、テーブルや畳など思い思いの場所で遊ぶことができる（図2.23）。円形の段差などがあると、そのなかに遊び素材を放り込めばよいので、多目的な遊びコーナーとして用いやすい（図2.24）。個人ロッカーに上記の遊び道具を置かずに、共有の遊び道具・素材置き場が共有されていると、行き来の動線を短くすることができる。また、1室全体を造形コーナーとし、遊び道具を効率よく設置するなど、子供の興味を引き出すような環境をつくることも大切である（図2.25）。

③保育者の意図により変化させるコーナー

　その時期の成長に適した遊びについて、道具や素材を設置することで、コーナーとして遊ぶことができるような場所も計画する。隅っこや段差、L字形・コの字形コーナーの場所について、保育者と設計者が事前によく相談しておくとよい。このほか、「丁寧な暮らし」を感じさせる手づくりのものが随所に飾られていると、園児の心に働きかけるとともに、知的興味を引き出すことができる（図2.26）。

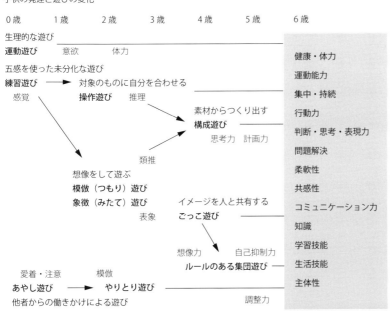

図2.22　発達段階に応じた遊びの変化

図2.23　遊び道具が中央にまとめられている（認定こども園こどものもり・埼玉県）

図2.24　円形の段差がある床（健伸幼稚園・千葉県）

図2.25　一室全体が造形遊びのコーナーとして機能（ながかみ保育園・静岡県）

図2.26　知的興味を意識した展示（認定こども園こどものもり・埼玉県）

❹ 食べる―ランチルーム・調理室

①ランチルーム

　可能な限り食事専用のスペースを設けたい。全員が同時に食事をとる広さがなくても、席があくまで待ってから食事したり、曜日や週替わりで複数のクラスがともに食事する方法などで運用できる。専用室にするのが難しい場合は、遊戯室に調理室を隣接させ、ランチルームとする（図2.27）。テーブルと椅子が設置されているので、絵本、折り紙、お絵かき道具など移動できる遊び道具・素材が収納された家具を設置すれば、静かな遊びのコーナーとしても機能する。

②調理室

　視覚的に開かれていて、園児が気軽に調理風景を見ることができるとよい（図2.28）。しかし、食材を搬入するためのサービスヤード計画と折合いがつかない場合もあり、設計の初期段階で隣接させる室を確定したい。調理場のほか、下処理室、調理師の便所や休憩室が必須であり、配膳方法によってはワゴンの収納場所や配膳室も必要になる。

③調乳コーナー

　主に0歳児のために必要で、保育者が使用するため園児を見守りやすいオープンカウンターが適している（図2.29）。オープンにするのが難しければ、0歳児保育室への動線を短くする必要がある。シンク、粉ミルクの収納場所、殺菌消毒機器、給湯器などが必要となる。

図2.27　調理室が隣接した遊戯室（ゆりかご幼稚園・岐阜県／藤木隆男建築研究所）

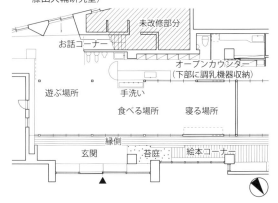

図2.29　昼食やおやつの配膳もできるオープンなカウンター（木もれ陽保育園・愛知県／atelier-fos一級建築士事務所＋福井工業大学藤田大輔研究室）

図2.28　玄関ホールから調理風景が見える（やまさと保育園・愛知県）

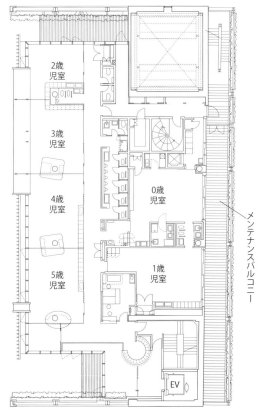

図2.30　2歳児以下の保育室近傍に便所を配置した例（京橋こども園・東京都／清水建設）

【コラム③】

便所の利用しやすさと仕切りの有無

　トイレ空間のあり方は運営者とよく相談することが肝要だが、子供がトイレに対して苦手意識をもたないように、利用しやすい雰囲気づくりが大切である。0～2歳児では、保育者が補助しやすいように仕切りのないトイレがよい。3歳児以上は、だんだん羞恥心が芽生えてくるので、大便器は個室を基本にし、仕切りを低くし、扉上部をあけるなどして、必要に応じて保育者がサポートできるようなしつらえがよい。

5 排泄・身支度―便所・着替えスペース

①便所

　保育室から距離が遠くなる事態を避けるよう、分散配置を基本としたい。特に低年齢児では便所に行くのが間に合わず失敗する場合も多いので、空間配置でサポートする（図2.30）。また、床仕上げはドライ工法とし、美しく演出するなど、「汚い」意識を植え付けないように配慮する（図2.31）。クラス単位でまとまって便所に行く場合は、待ち行列が発生することも多く、園児の待機スペースを十分にとる必要がある。

②沐浴スペース

　夕方から夜までの保育であれば、沐浴はほとんどしない。便所に行くのが間に合わず汚れてしまった園児や、そのほか洗いたい場合を想定し、シャワーに小さい浴槽があれば十分である。

③着替えスペース

　おむつを使用している年齢では、排泄と着替えがセットとなり、しかも頻繁にあるため、着替えスペースと便所を一体的に計画したい（図2.32、p.44～45）。

　個人ロッカーは保育室の壁際にまとめて配置することが多いが、壁面は遊びコーナーの設置場所としても優先度が高い場所である。そのため、コーナー保育を実施している園では個人ロッカーの位置を壁際とせず、身支度スペースとしてまとめて配置するなどの工夫をしている（図2.33）。

6 寝る　午睡スペース

　午睡スペースは園児数×布団の面積＋αの広い面積が必要なため、ほかの機能と共用されることもある。ただし、特に食べるスペースと共用すると、食べこぼしが布団について衛生的でなく、食事後の掃除をしてから布団を敷くこととなり、特に低年齢児には向いていない。食べるスペースと寝るスペースは分けて計画することを基本としたい。また、寝るスペースを使用していない時間帯は、広さを活用してクラス単位の集団遊び場としても機能する。近年ではコットを使用する園もあり、布団類を設置したまま積み重ねられる利点がある（図2.34）。また、暗くしすぎると熟睡してしまうため、夜に寝付きにくいといった考え方もある。そのため、暗幕やカーテンなどを使用せず、スクリーンで明るさを調整している園もある。

図2.31　水鉢が置かれた清潔な印象の便所（和光保育園・千葉県）

図2.33　可動棚で仕切った身支度スペース（新宿せいが保育園・東京都）

図2.32　便所と隣接した着替えるスペース（ささべ認定こども園・長野県／atelier-fos一級建築士事務所＋福井工業大学藤田大輔研究室）

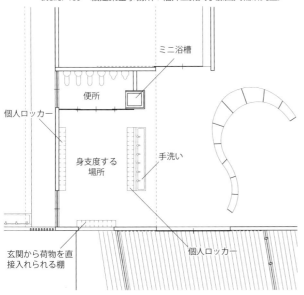

図2.34　ホールに並べられたコット（新宿せいが保育園・東京都）

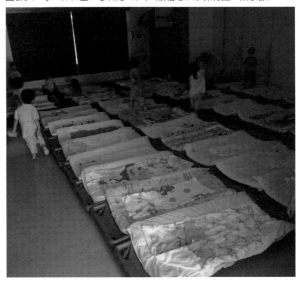

7 屋外で遊ぶ―園庭

小学校運動場の縮小版のような園庭構成は避け、子供の遊びが豊かになるような「庭」をつくる意識が必要である（図2.35）。平坦な庭は1集団の動的遊びで占有されてしまうこともあり、複数の場所に分割して配置したい。また、運営者とよく相談する必要があるが、年に数回の行事で平坦かつ広い面積が必要な場合は園外で借りることで、園では「庭」としての環境を重視するなどの対応方法もある。

虫・動植物の飼育や栽培スペースとして、それぞれの生育環境を子供自身が体験し、遊ぶことが必要である。そのためには飼育ケースだけに頼るのではなく、じめじめした環境、多様な草花、魅力的なメダカ池などを配置し、自然に虫・動物が生息する環境を整備したい（図2.36）。

必須である土・砂遊びの場所は、積極的に高低差を取り入れたり（図2.37）、使い込まれた料理道具の設置（図2.38）など、子供の遊びを引き出すように配慮する。また、水道やままごと遊びを促すような小屋を設置することも有効である（図2.39）。土・砂を使ったままごと遊びでは、様々な場所から素材を集めてくるため、落ち葉や砂利などがある場所との位置関係に配慮したい。

運営者は、子供の安全管理のため、見通すことができる場所を求めがちであるが、園児が好む場所は、下に入り込むことができる場所（図2.40）など、園児たちだけで占有して遊ぶことができる場所である。どの程度までの環境であれば、運営者側が許容できるかよく話し合って計画したい。

なお、園児が遊びやすいように遊びの動線をつくり出すような物的要素の連続配置（図2.41）、園児のチャレンジ精神をくすぐるような手応えのある場所（図2.42）など、遊びの動きを想定して環境をつくる意識が必要である。

8 運営する―管理スペース

①事務スペース

園児と保護者以外の業者等も出入りすることと、登園時の園児や保護者の見守りの観点から、アプローチ近くに配置したい。まとまった広さが1階にとれない場合は2階でもかまわないが、その場合、事務受付を独立させて1階に配置したい。指導のための教材や資料などの収納が必要となり、さらに印刷機、自動火災報知設備の親機なども場所をとる。管理職だけではなく、職員一人ひとりが作業しやすい効率的なスペース配置が求められる（図2.43、p.40～41）。また、分園など比較的小規模な園においても、事務作業を効率的に行うことができるよう専用の事務スペースが必要になる（図2.44）。

②医務スペース

一般的には事務室に簡易ベッドなどを配置し、医務ス

図2.35　様々な要素が混在した魅力的な庭（川和保育園・神奈川県）

図2.36　生き物や植物が棲むメダカ池（本宮保育園・石川県）

図2.37　高低差のあるダイナミックな砂場（川和保育園・神奈川県）

図2.38　砂場のすぐ横に設置された使い込まれた料理道具（揖斐幼稚園・岐阜県）

ペースとしていることが多い。体調が悪い園児が保護者の迎えを待つ場所にもなるので、不安を少なくするような家庭的な空間づくりが必要である。また、感染力が強い病気が疑われる園児を隔離するために、ある程度空間を仕切れるような機能をもたせたい。簡易ベッドを普段は収納できるよう作り付けとしている事例もある（図2.45）。

③収納

資料保管、日々の保育資料、絵本や教材など、多様かつ魅力的な保育をしようとするほど収納スペースが必要となる。また、行事などで使用する大きくかさばるものも収納する必要があるため、屋根裏のスペースや屋外倉庫などを総動員し、収納面積を確保する必要がある。

④休息の場

確保できない場合が多く、小さくなりがちな管理スペースであるが、意識を切り替えられる休憩スペースは重要である。個人所有の食器、冷蔵庫、電子レンジ、ロッカーなどを設置する。

❾ 保護者をケアする—相談スペース

孤立化している子育て家庭など、近年では子供に関する様々な相談事を気軽にできない背景も見受けられる。そのため、園にも保護者が相談しやすい雰囲気づくりやそのための場所が求められている。まずは、保護者が園で短時間でも滞在しやすいようなしつらえとし、保護者と職員の会話のきっかけとすることが望ましい。さらに、会話のなかで「他者に聞かれずに相談」したい場面を想定し、扉などがある相談コーナーを配置したい。すなわち、相談できる場所を2段階に分けて計画することが肝要である。

図2.39　ままごとを促す小屋（さざなみの森・広島県）

図2.40　子供が入り込む雑然とした場所（札幌トモエ幼稚園・北海道）

図2.41　ルート遊びを促すタイヤ（さざなみの森・広島県）

図2.42　挑戦意欲を引き出す石垣（さざなみの森・広島県）

図2.43　明るく作業しやすい事務スペース（木の実幼稚園・大阪府）

図2.44　コンパクトにまとめられた事務スペース（木もれ陽保育園・愛知県）

図2.45　家具に収納される簡易ベッド（美濃保育園・岐阜県）

3 設計事例

2011年・愛知県豊橋市　　　　　　　　　　　　　　　　　　　　　　　　　宮里龍治アトリエ

むさしの幼稚園

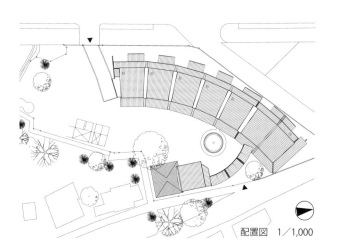

配置図　1/1,000

　この幼稚園は、敷地西側の幅員30mの計画道路工事が敷地に掛かり、建替えを余儀なくされた。全体計画では、園庭に向かう求心性を高め道路側に背を向けるような形態を選択。敷地境界に内接する約半径60mの同心円の円周上と、円の中心に向かう法線上に部屋を配置。遊戯室、保育室それぞれの部屋の下部空間では、道路側を閉じ、扇の要に向かう2枚の壁に挟まれた、園庭だけに開放された形態とし、園庭との繋がりが強い空間とした。また上部空間は道路側、園庭側共に開放した。

　園児たちに自然をより深く体感してほしいと考え、地域材や国産材にこだわり木造とした。遊戯室は360×120mm、保育室は240×120mmのカラマツ集成材の門型フレームを900mm間隔に並べる構造を選択。また夏季の機械的な空調設備は、給食室、職員室も含め設置せずに、陽射しや風を建築的にコントロールすることで対応し、冬季の暖房は、地元の三ヶ日みかんの改植後に廃棄される、みかんの木などを使用した薪ストーブのみである。

（宮里龍治）

■建築概要
敷地面積：2,540.58m²
建築面積：861.86m²
延床面積：738.10m²
建ぺい率：33.93%（60%）
容積率：29.06%（200%）
総園児数：120名（3〜5歳）
階数：地上1階
構造：木造
主な用途：幼稚園

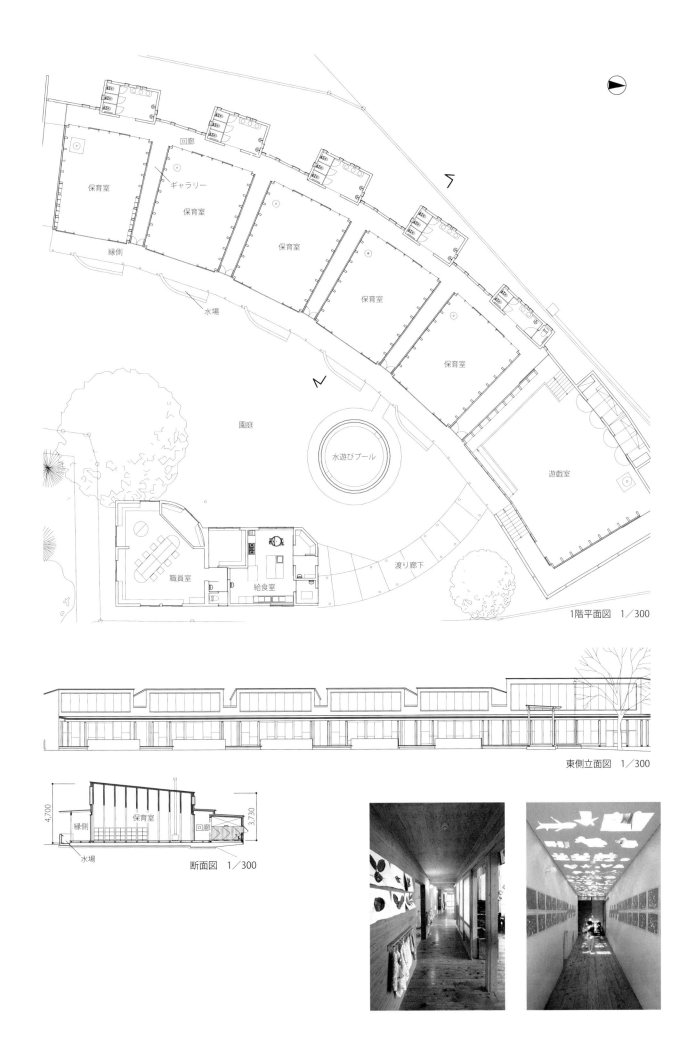

2016年・大阪府松原市　　　　モノスタ'70

木の実幼稚園

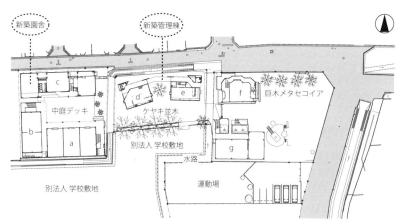

a　園舎・・・既存
b　耐震改修 園舎
c　新築園舎
d　こどもアトリエ棟
e　せんせいのへや棟
f　未就園児／長時間保育室・・・既存
g　遊戯室・・・既存

配置図　1／1,300

1970年開園の木の実幼稚園は、水路を挟んだ細長い敷地に巨木が聳える緑豊かな園である。長い歴史のなかで増築を繰り返した本園は街並みにはやや閉鎖的で、10の園舎が無造作に建ち並んでいた。保育を行いつつの工程は三期にわたり、既存棟を生かしつつ、敷地を園舎・管理・園庭と3つのゾーンに分け、各々全く異なる建物と外空間が並ぶことで、外に開かれた個性が混在する「まち」をつくる計画とした。

　園舎ゾーンは既存の2棟と合わせてコの字形となるよう1棟増築し、子供たちの自由な活動領域を広げる中庭デッキを設けた。敷地の中央には、巨木に覆われた軒の低い木造片流れの職員室と「こどもアトリエ」の2棟が角度を振って配置され、街並みからの視線を取り込んでいる。開放的なケヤキ並木は子供たちの往来でいつも賑やかである。

　コーナー保育が基本の本園は造形活動が盛んで、子供たちの普段の創作や作品展示のための仕掛けを内外随所にちりばめている。（向井昭人）

■建築概要
敷地面積：3,016.81m²（運動場含まず）
建築面積：1,218.28m²
延床面積：2,241.29m²
建ぺい率：40.39%（60%）
容積率：74.30%（200%）
総園児数：355名（2～5歳）
階数：地上2階
構造：鉄骨造、木造
主な用途：幼稚園

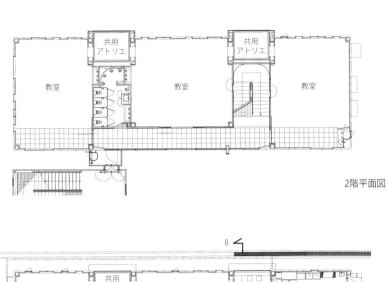
2階平面図

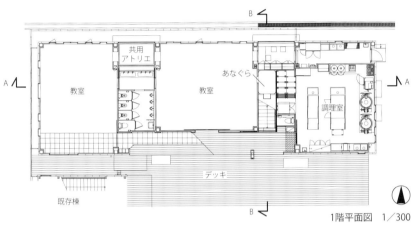
1階平面図　1/300

南側立面図　1/300

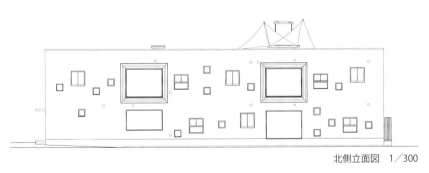
北側立面図　1/300

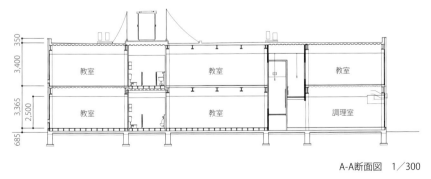
A-A断面図　1/300

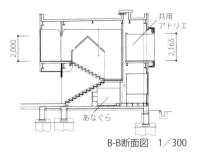
B-B断面図　1/300

設計事例　41

2011年・埼玉県狭山市　　　　　　　　　　　　　　　　　　　アタカケンタロウ建築設計事務所

狭山ひかり幼稚園

　狭山ひかり幼稚園は、一斉に課題を与えるような集団教育を行わず、園児が様々な遊びに自発的に取り組める環境づくりを重視した教育を展開している。この幼稚園の特徴を推し進めて考え、普段は一人ひとりの園児が園舎の隅々までを自分のものとして遊びまわり、様々な環境に出会うような園舎をつくろうということになった。各教室は園庭と裏庭の両方に面し、それぞれに空間的な特徴をもって建ち並んでいる。そして2本の通り状の空間（「大通り」と「こみち」）が教室群をぶち抜くように横断していることが、この園舎の大きな特徴となっている。それによってクラス単位での活動に必要な教室の独立性を確保しながら、園舎全体がひとつの大きな遊び場としても成立する構成になっている。通り状の空間に立つと、同じ場所であっても、園庭のほうを見ると教室の空間性が現れ、通りの方向を見ると小さな街並みのような空間性が現れる。ここでは園児にとって活動の選択肢が豊富な、きっかけと発見に満ちた状況がつくり出されている。（安宅研太郎）

■建築概要
敷地面積：2,540.79m²
建築面積：760.87m²
延床面積：682.50m²
建ぺい率：33.58%（60%）
容積率：32.72%（200%）
総園児数：120名（3～5歳）
階数：地上1階
構造：木造
主な用途：幼稚園

配置図　1/3,000

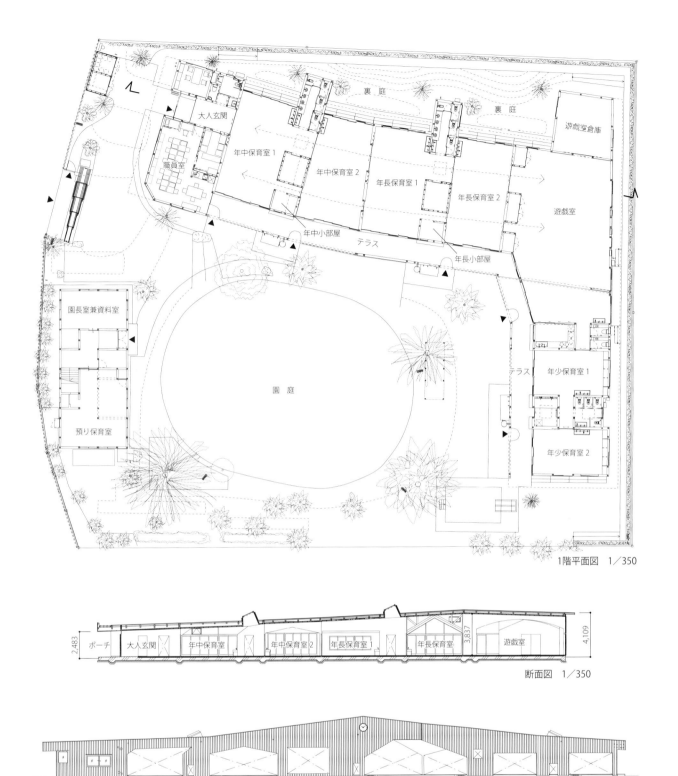

1階平面図　1/350

断面図　1/350

園庭側立面図　1/350

設計事例　43

2015年・長野県松本市　　atelier-fos 一級建築士事務所＋福井工業大学デザイン学科藤田大輔研究室

ささべ認定こども園

　松本市の住宅街に建つ、認定こども園である。0～2歳の子供が過ごす場所に加え、保護者や未就園児の親子が集まれる機能が求められた。また、100mほど離れた同法人が運営する幼稚園の園児やその保護者の利用も想定された。建物は、リニアな形態の管理棟、正方形平面の保育棟に分け、保育棟の角度を振ることでエントランス性を生み出した。庭は建物配置により3つに分けられ、オープンな芝生庭、通り庭、木立のある庭など異なった性格をもっている。保育棟は、遊ぶ場所、寝る場所、食べる場所、身支度する場所を一室空間として緩やかに繋ぎ、一日の流れがスムーズになるよう配慮した。曲面を有する家具はおもちゃ、教材など共有の持ち物が集約された保育棟のシンボルであり、どの場所とも関係をもっている。管理棟にある多目的室は多様な人々が利用できる。そのため、軒のあるアプローチからアクセスし、保育利用者と動線を切り分けている。（藤田大輔＋青木一実）

■建築概要
敷地面積：1,425.33m²
建築面積：547.22m²
延床面積：498.85m²
建ぺい率：38.40%（50%）
容積率：29.50%（80%）
総園児数：39名（0～2歳）
階数：地上1階
構造：木造一部鉄骨造
主な用途：認定こども園

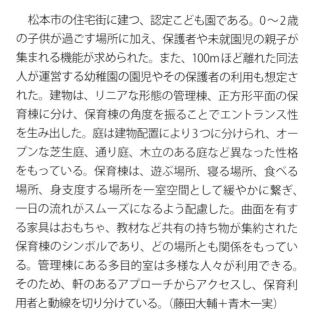

配置図　1/1,000

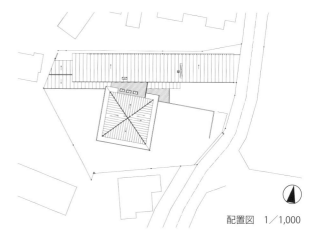

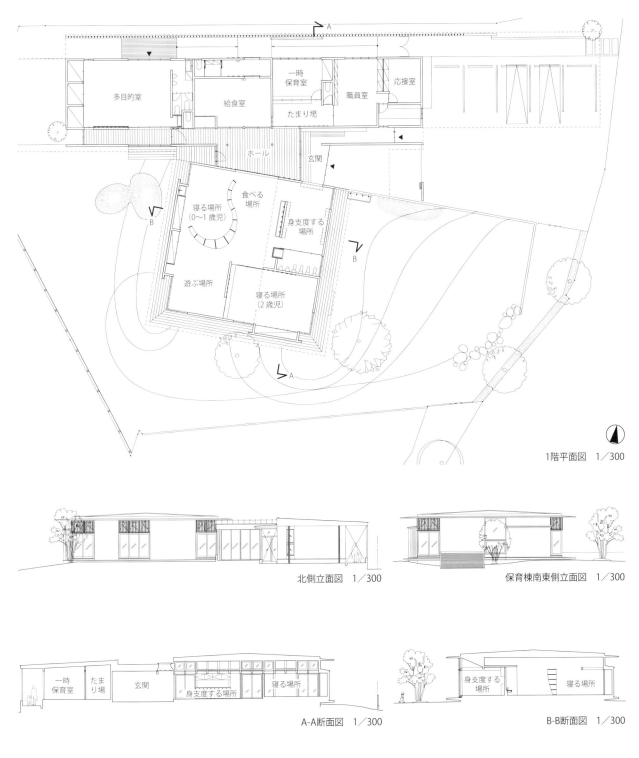

1階平面図　1/300

北側立面図　1/300

保育棟南東側立面図　1/300

A-A断面図　1/300

B-B断面図　1/300

2015年・福岡県福岡市　　時設計＋SAKO建築設計工社

どろんこ保育園

　敷地は繁華街の中洲地区にあり、商業施設キャナルシティ博多の「裏側」と変電所に接している。この無機質で雑多な環境のなかに、上空から見ると園庭だけでできているような、地上から見ると屋上まで連続する地形のような園舎を目指した。

　敷地南西の角にあたる園門に焦点を設け、そこから10度刻みの放射線上に、柱や壁、照明器具等を配置した。そのため建築のあらゆる要素が、訪れる人を迎え入れているように感じられる。同じくここを起点として、2つの屋外階段が地面レベルと屋上を結ぶことで、視覚的にも動線的にも一体感をつくり出している。

　手摺子やテラスを覆うパーゴラが反復される線の要素となり、全体として白く繊細な印象となった。今後プランターからツタが伸び、その線に纏わり付いてゆくことで、緑に覆われた生命感溢れる印象に変化してゆくだろう。

　また夜間保育の際の電球色と温白色の光が外部にも溢れ出すことで、温かい雰囲気を街に与えている。

(迫 慶一郎)

■建築概要
敷地面積：954.98m²
建築面積：587.21m²
延床面積：1,337.43m²
建ぺい率：61.48%（80%）
容積率：141.54%（500%）
総園児数：110名（0〜5歳）
　　　　　昼115名、夜間55名
階数：地上4階
構造：鉄筋コンクリート造
主な用途：保育所

配置図　1/6,000

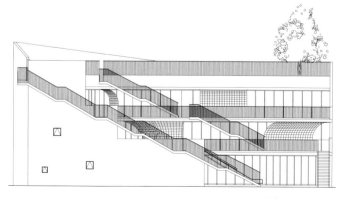

西側立面図　1/400

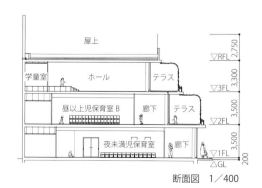

断面図　1/400

異年齢混合保育と保育時間によるクラス編成

登園時間	園児の年齢			保育形態
	0歳児	1・2歳児	3・4・5歳児	
早朝↓	昼0歳児 朝7時〜	昼未満児A 朝7時〜 昼未満児B 朝8時30分〜	昼以上児A 朝7時〜 昼以上児B 朝8時〜 昼以上児C 朝9時〜	通常保育
夜遅	夜0歳児 朝7時〜	夜未満児 朝10時〜	夜以上児 朝10時〜	夜間保育

夜未満・以上児は夜間型なので、午後ゆっくり登園する子もいる。0歳児だけは夜間型、中間型も同じクラス。
通常保育時間：7時〜18時（22時まで延長可能）
夜間保育時間：11時〜22時（7時〜深夜2時まで延長可能）

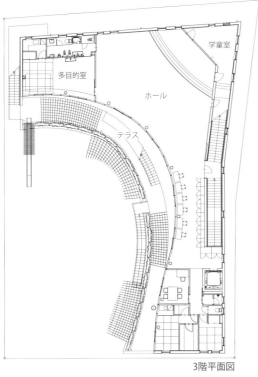

3階平面図

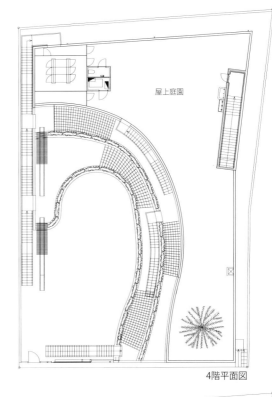

4階平面図

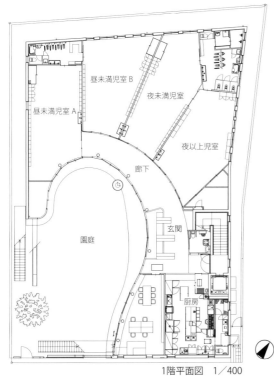

1階平面図　1/400

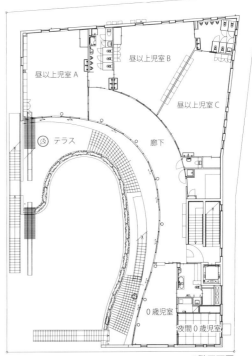

2階平面図

2011年・東京都目黒区　　　　　　　　　　　　　　山岡哲哉建築設計事務所＋みかんぐみ

夢花保育園

　都心型の保育園である。そのため、空間の高度利用が求められた。1階にはエントランスホールを挟んで、0～1歳児の保育室とランチルームを設けた。2階には2～5歳までの保育室。3階には様々な行事への対応が可能な遊戯室と屋上階まで連続する園庭を設けた。各機能は層ごとに分けられ、室も機能ごとに分けられているが、収納や洗面器などの機能をはみ出させ、開口部を大きくとることで、連続したり切ったりすることができるようにしている。

　インテリアのデザインでは、施設というより、家庭の延長線上の雰囲気になるよう特に心掛けた。素材に関しては、シナ合板の塗装を様々に塗り分けることで、少しずつ違った部屋の雰囲気としつつ、ペンダントなどの照明器具を効果的に使った。また、サインは特に設けていない。子供にとって、安心できるのは「家」なのだと思う。（みかんぐみ）

■建築概要

敷地面積：737.18m²
建築面積：427.94m²
延床面積：1,152.35m²
建ぺい率：58.05%（60%）
容積率：156.31%（240%）
総園児数：120名（0～5歳）
階数：地上3階
構造：鉄筋コンクリート造
主な用途：保育所

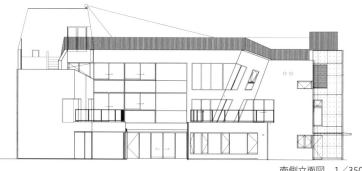

南側立面図　1/350

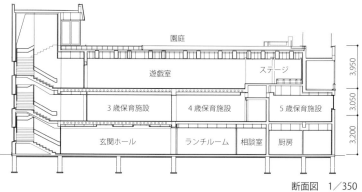

断面図　1/350

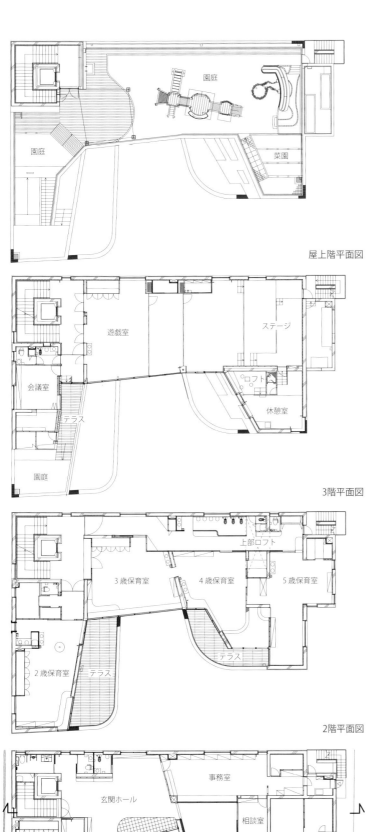

屋上階平面図

3階平面図

2階平面図

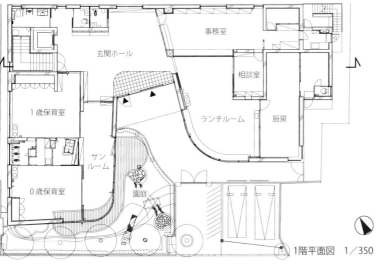

1階平面図　1/350

設計事例　49

2000年・滋賀県野洲市　　　　　　　　　　　　　　　　　　　　莫設計同人

きたの保育園

　1歳から5歳までの子供たちが共に暮らす「異年齢保育」を行っているとともに「食べること」を大切にしている。そのためにそれぞれの保育室を「おうち」とし、キッチン、食堂、寝室、居間を配置している。

　子供たちは、この「おうち」で過ごすことにより、毎日の当たり前の生活（食べる、寝る、遊ぶ）のなかで学び育つ。小さい子は大きい子に憧れ、頼りにしながら育つ。大きい子は様々な年齢の子供に寄り添い、待ち、受け入れ、相手の立場に立って物事を考え、人の役に立つ喜びを感じ、それぞれの年齢にふさわしい力を育んでいく。

　「食べること」は、丈夫な身体づくりだけでなく主体的に生きる力をつけていく大切な営みである。子供たちがご飯を炊いたり、畑や散歩先で収穫したもので料理をつくり、食事の準備はもちろん後片付けもする。食事づくりは、道具を使い五感を刺激し、自分の力が役立って人に喜ばれることを実感するなど自立していく力を育てる。

（松村正希）

■建築概要
敷地面積：5,021.57m^2
建築面積：1,590.59m^2（保育園部分：1,284.67m^2）
延床面積：1,415.50m^2（保育園部分：1,197.5m^2）
建ぺい率：31.68%
容積率：28.19%
総園児数：80名（0～5歳）
階数：地上2階
構造：鉄筋コンクリート造（一部鉄骨造）
主な用途：保育所

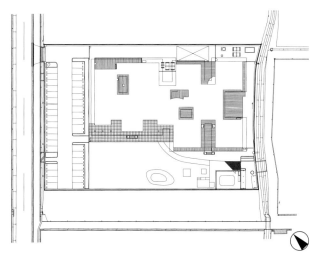

配置図　1/1,500

南側立面図　1/400

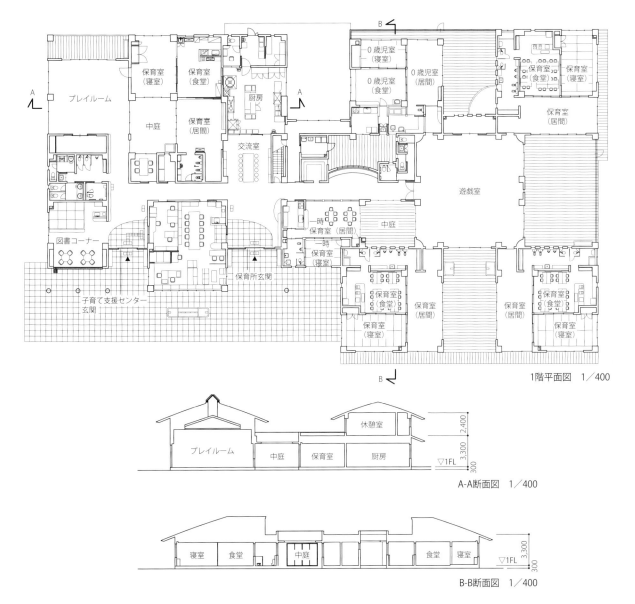

1階平面図　1/400

A-A断面図　1/400

B-B断面図　1/400

設計事例

2011年・秋田県秋田市　　　サムコンセプトサデザイン

あきたチャイルド園

　この園は、設計者による「建築作品」ではない。保育者と設計者、子供と保護者の共同によって具現化され続ける、生きた時間と体験そのものである。
　「異年齢保育集団を基軸にした、子供の主体的選択と真剣に遊び込む経験の保障、自己肯定感の醸成」という保育の理念の実現を、「オープンで可変的、つくられすぎていない」建築空間が可能にしている。ロの字形に構成された一体的な保育スペースはリニアな方向性をもっており、多くの家具や吊り物によって分節されつつ、0・1・2・3〜5歳児の保育集団の拠点空間が隣り合ってゾーニングされている。これによって保育集団相互の関係性が生じて異年齢と同年齢集団それぞれの体験が保障され、また中庭への意識が誘発されている。
　また子供の成長発達に応じて変化し続ける空間のしつらえは、空間と保育の連動や、子供の成長発達と空間の連動、また環境構成への目的意識を保育者が深く理解し、保護者にもそれを伝える契機となっている。

（文責・担当編集委員）

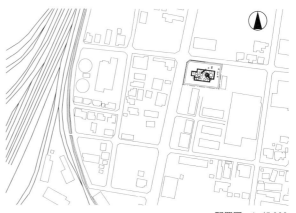

配置図　1/5,000

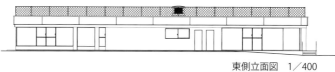

東側立面図　1/400

北側立面図　1/400

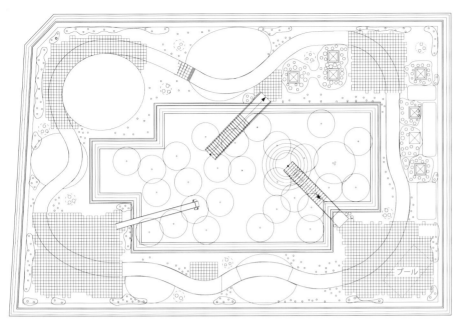

屋上平面図

■建築概要

敷地面積：1,654.88m²
建築面積：1,107.71m²
延床面積：1,056.63m²
建ぺい率：66.93%（90%）
容積率：63.84%（200%）
総園児数：150名＋園児弾力化受入（0〜5歳）
階数：地上1階
構造：鉄骨造
主な用途：保育所

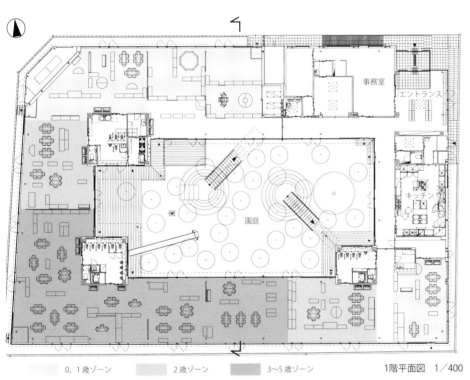

0、1歳ゾーン　　2歳ゾーン　　3〜5歳ゾーン

1階平面図　1/400

断面図　1/400

設計事例

4 設計図面

2009年・大阪府豊中市　　　　　　　　　　　　　　　　　　竹原義二／無有建築工房

認定こども園あけぼの学園

北側外観

園庭。既存の樹木を避けるように外部階段も角度をつけて配置

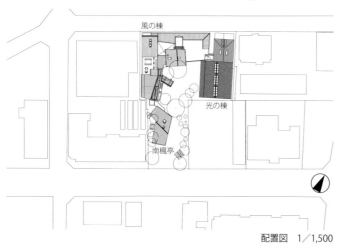
配置図　1／1,500

園舎群と庭で環境をつくる

　幼稚園と保育所を併せ持った、築40年の園舎の建替えに伴う計画である。

　本園舎に先行して園庭に建てた木造2階建ての「南楓亭」は、木々を避けるように屈曲した平面をもつ。1階は「風の棟」工事中の仮保育室に使用した後、床・建具を本園舎に移設し、土のピロティとした。2階は柱梁現しの一室空間で、通し柱と屈曲する平面の隙間やレベル差により、遊びのコーナーがつくり出されている。

　鉄骨造4階建ての「風の棟」は、1・2階は幼稚園、3階は保育所の認可を受けている。平面は既存の「光の棟」と「南楓亭」を結び、園庭を囲い込むように配置。蛇行する外廊下は動線の役割とともに、狭さと広がりを併せ持つ軒下の遊び場となっている。3階には中庭のように囲まれた屋上園庭を設けている。外部の園庭に向けた開口部からは、手が届くような高さで木々の緑が迫ってくる。

　幼保連携の取組みと豊かな園庭の中に新たな園舎を組み合わせることで、幼稚園児、保育園児という枠組みを超えた、新たな子供たちの環境をつくり出した。（竹原義二）

■建築概要
敷地面積：1,527.41m²
建ぺい率：53.43%（60%）
容積率：138.94%（200%）
総園児数：幼稚園児200名、保育園児60名、一時保育（0〜5歳）10名
主な用途：幼稚園・保育所（認定こども園）
南楓亭
建築面積：71.6m²
延床面積：110.86m²
構造：木造、一部鉄筋コンクリート造
階数：地上2階
風の棟
建築面積：446.23m²
延床面積：1,066.70m²
構造：鉄骨造
階数：地上4階

「南楓亭」東側外観

「南楓亭」1階ピロティ

「南楓亭」2階スペース1

「風の棟」1階保育室（幼）1

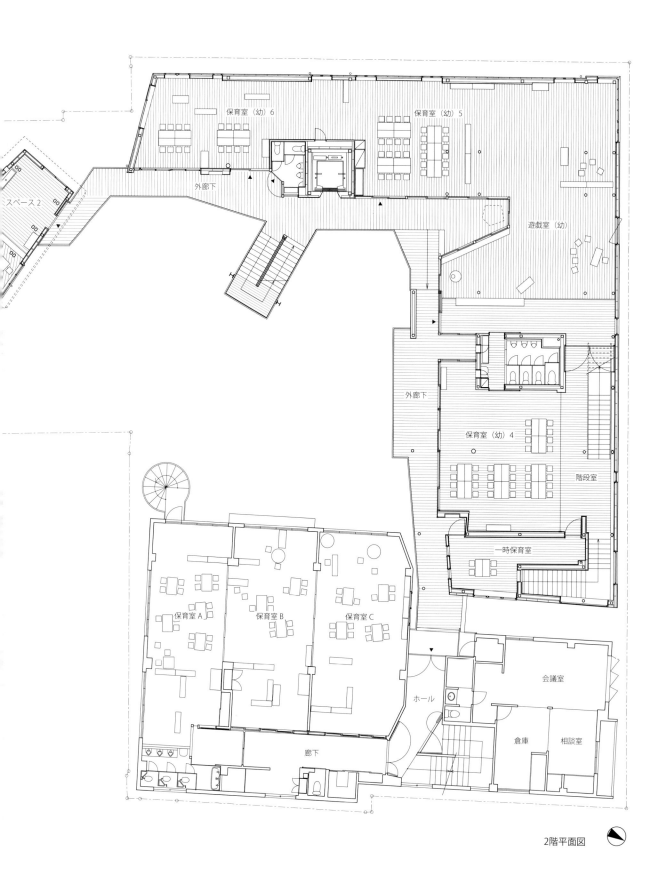

認定こども園 あけぼの学園
2階平面図　　scale　1/200

「風の棟」3階 0〜1歳児保育室（保）

「風の棟」3階階段室。左手に園庭（保）が見える

「風の棟」3階 4〜5歳児保育室（保）

「風の棟」3階園庭（保）

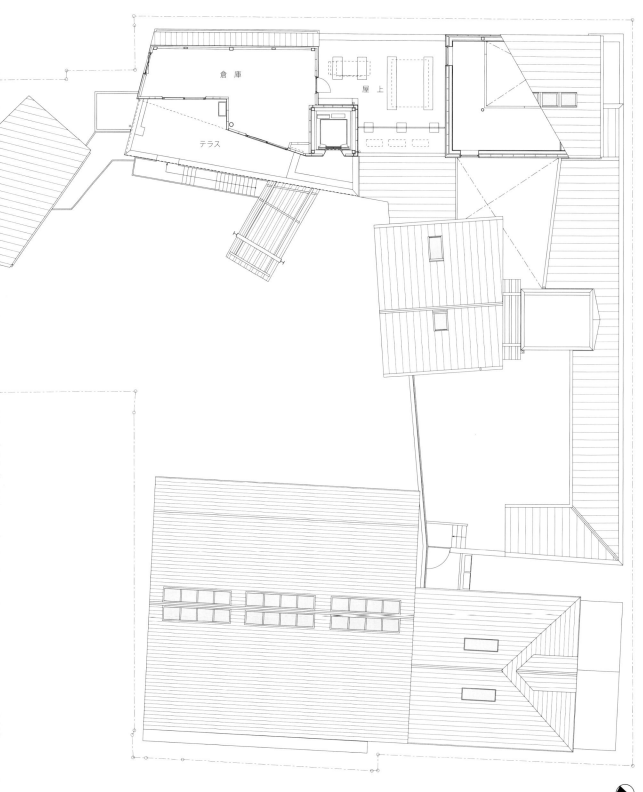

4階平面図

認定こども園 あけぼの学園	
4階平面図	scale 1/200

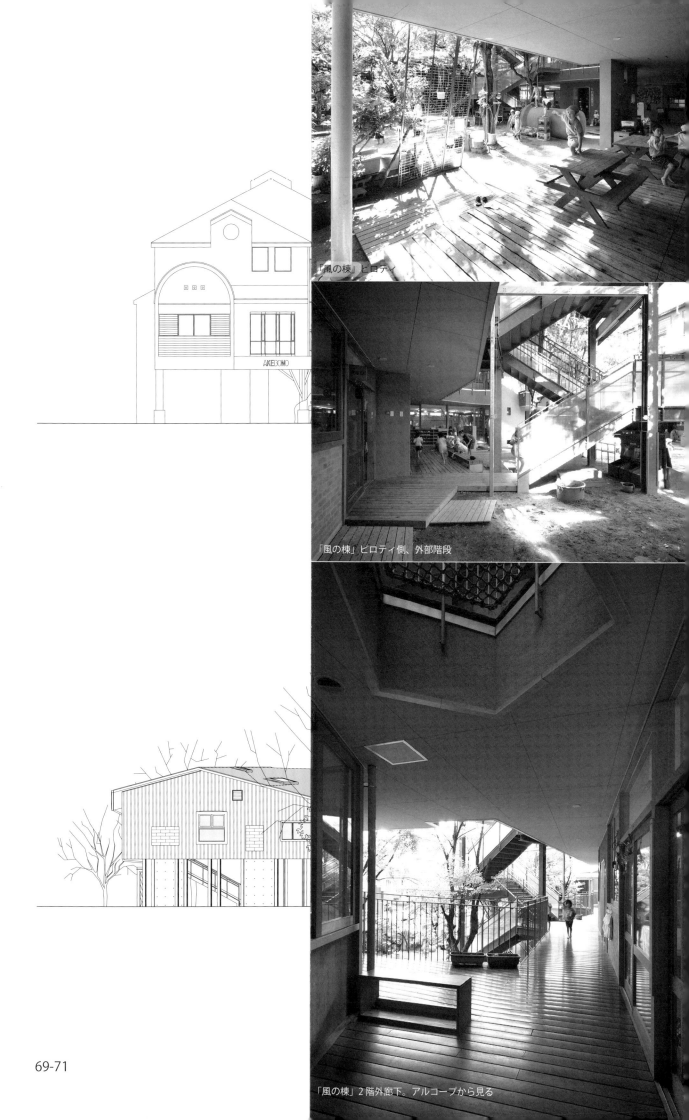

「風の棟」ピロティ

「風の棟」ピロティ側、外部階段

「風の棟」2階外廊下。アルコーブから見る

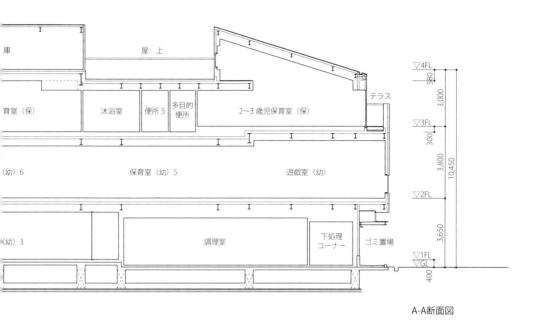

A-A断面図

B-B断面図

認定こども園 あけぼの学園
断面図　　scale　1/200

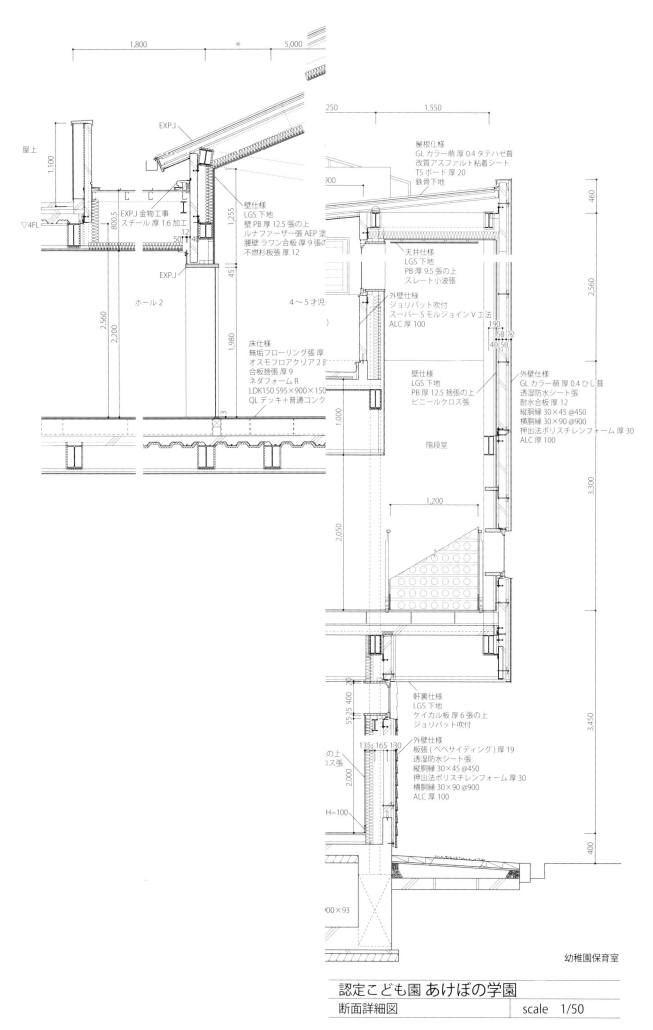

図版出典
- 「近代建築」2015年5月号より作成：表2.3
- 厚生労働省「人口動態統計」より作成：図1.1
- 塩川寿平著『大地保育環境論』フレーベル館、2007年（塩川寿平「保育の環境」（山根薫、森重敏、高橋種昭編『保育学概論』同文書院、1975年より作成））：表1.1
- 「至誠保育園」パンフレットより：図1.10
- 総務省「国勢調査」、国立社会保障・人口問題研究所「日本の将来推計人口（平成24年1月推計）より作成：図1.2
- 高山静子著『環境構成の理論と実践』エイデル研究所、2014年：図2.22
- 樋沼綾子・山田あすか・上野淳「幼保一体型施設における活動場面展開の実態と園児のなじみの過程」日本建築学会計画系論文集第74号、2009年：図1.16
- 内閣府・文部科学省・厚生労働省資料（「子ども・子育て関連3法について」平成25年3月）より作成：図1.5、図1.6
- 日本建築学会編『こどもの環境づくり事典』青弓社、2014年：表2.2
- 「認定こども園こどものもり」パンフレットより作成：図1.8
- 松井るり子著『七歳までは夢の中―親だからできる幼児期のシュタイナー教育』学陽書房、1994年：図1.11
- 山田あすか・樋沼綾子・上野淳「幼保一体型施設の現況に関する報告及び考察」日本建築学会技術報告集第24号、2006年：図1.3、図1.4
- 吉本和子著『幼児保育―子どもが主体的に学ぶために』エイデル研究所、2003年：図1.9
- COOKPAD baby「働くパパ＆ママを応援！送迎保育ステーション事業」（https://cookpad-baby.jp/knowledge/baby/743）より作成：図2.1

参考文献
- 稲井智義・吉田直哉「保育空間のポリティクス―森重雄の主題によるミクロ権力論的視角」東京大学大学院教育学研究科紀要　第52巻、2013年
- 氏原鋹「幼稚園創立の当時（我国幼稚園の生長二）」『幼児の教育』27巻3号、1927年
- 小川信子著『子どもの生活と保育施設』彰国社、2004年
- 建築思潮研究所編『建築設計資料51　保育園・幼稚園2』建築資料研究社、1995年
- 「新建築」2011年6月号
- 「新建築」2013年4月号
- 「新建築」2014年6月号
- 仙田満著『あそび環境のデザイン』鹿島出版会、1987年
- 高木幹朗、谷口汎邦編修『建築計画・設計シリーズ10　幼稚園・保育所/児童館』市ヶ谷出版社、2003年
- 内藤和彦・橋本雅好・日色真帆・藤田大輔編著『設計に活かす建築計画』学芸出版社、2010年
- 西日本工高建築連盟編『新建築設計ノート　幼稚園・保育所』彰国社、1990年
- 日本建築学会編『空き家・空きビルの福祉転用－地域資源のコンバージョン』学芸出版社、2012年
- 日本建築学会編『建築設計資料空間　SERIES　子供の空間　児童施設』彰国社、1994年
- 日本建築学会編『建築設計資料空間　SERIES　子供の空間　小学校・幼稚園』彰国社、1993年
- 林若子・山本理絵編著『異年齢保育の実践と計画』ひとなる書房、2010年
- フリードマン・ウィルト編『E＋P：設計＋計画4　子供のための建物』集文社、1976年

写真撮影者・提供者
栗原宏光：ピックアップ事例1右
新建築写真部：ピックアップ事例3
藤田大輔：図2.2、図2.4、図2.5、図2.6、図2.7、図2.9、図2.10、図2.11、図2.12、図2.13、図2.15、図2.16上右、図2.20、図2.21、図2.23、図2.24、図2.25、図2.26、図2.28、図2.31、図2.32、図2.33、図2.34、図2.35、図2.36、図2.37、図2.38、図2.39、図2.40、図2.41、図2.42、図2.43、図2.44、図2.45、
山田あすか：図1.10上・下、図1.13、図1.14、図2.8、コラム①、ピックアップ事例1左、ピックアップ事例2
彰国社写真部（畑　拓）：p338、p39、p40、p41、p42、p43、p44、p45、p46、p47、p48、p49、p50、p51、p52、p53、p56、p59、p60、p65、p66、p69

著者略歴

山田あすか（やまだ　あすか）

1979 年	広島県生まれ
2005 年	東京都立大学大学院工学研究科建築学専攻博士課程修了
	日本学術振興会特別研究員
2006 年	立命館大学理工学部建築都市デザイン学科講師
2009 年	東京電機大学未来科学部建築学科准教授、現在に至る
	博士（工学）、一級建築士

主な著書：『建築のサプリメント』（共著、彰国社）、『認知症ケア環境事典』（共著、日本建築学会）、『テキスト建築計画』『空き家・空きビルの福祉転用』（共著、学芸出版社）、『ひとは、なぜ、そこにいるのか』（青弓社）、『こどもの環境づくり事典』（共著、青弓社）、

藤田大輔（ふじた　だいすけ）

1975 年	東京都生まれ
1999 年	東海大学大学院工学研究科建築学専攻博士課程前期修了
2004 年	岐阜工業高等専門学校助手、講師、准教授を経て
2016 年	福井工業大学環境情報学部デザイン学科講師、現在に至る

主な著書：『最新保育講座⑦　保育内容「健康」』（共著、ミネルヴァ書房）、『設計に活かす建築計画』『空き家・空きビルの福祉転用』（以上共著、学芸出版社）、『こどもの環境づくり事典』（共著、青弓社）、
主な作品：ささべ認定こども園、木もれ陽保育園

建築設計テキスト　保育施設
2017 年 4 月 10 日　第 1 版 発 行

編　者	建築設計テキスト編集委員会	
著　者	山田あすか・藤田大輔	
発行者	下　出　雅　徳	
発行所	株式会社　彰　国　社	

162-0067 東京都新宿区富久町8-21
電話　　03-3359-3231（大代表）
振替口座　　00160-2-173401

Printed in Japan

© 建築設計テキスト編集委員会（代表）2017年　　印刷：真興社　製本：ブロケード

ISBN 978-4-395-32088-2 C3352　　http://www.shokokusha.co.jp

本書の内容の一部あるいは全部を、無断で複写（コピー）、複製、および磁気または光記録媒体等への入力を禁止します。許諾については小社あてご照会ください。